Rolf Brüseke

Deutsch
Grammatik leicht A2

Entdecken und üben
Einsprachige Ausgabe

Hueber Verlag

3. 2. 1. | Die letzten Ziffern
2024 23 22 21 20 | bezeichnen Zahl und Jahr des Druckes.
Alle Drucke dieser Auflage können, da unverändert, nebeneinander benutzt werden.
1. Auflage

Umschlaggestaltung: Sieveking · Agentur für Kommunikation, München
Layout und Satz: Sieveking · Agentur für Kommunikation, München
Verlagsredaktion: Katharina Zurek, Hueber Verlag, München
Druck und Bindung: Firmengruppe APPL, aprinta druck GmbH, Wemding
Printed in Germany
ISBN 978-3-19-061721-0

Art. 530_26958_001_01

Inhalt

Vorwort

Grammatik leicht A2 wendet sich an Lernende auf Niveaustufe A2 und deckt alle Themen ab, die das aktuelle *Goethe-Zertifikat A2* verlangt.

Grammatik leicht A2 ist ein Nachschlage- und Übungsbuch für Lernende im In- und Ausland. Das Buch eignet sich für Selbstlerner, es enthält einen kompletten Lösungsschlüssel im Anhang. Es kann aber auch sehr gut für die Arbeit in Deutschkursen verwendet werden.

Grammatik leicht A2 ist ausgesprochen einfach, klar und präzise: Die Grammatiktabellen sind übersichtlich und einprägsam und die Regeln sind in einer sehr leichten und gut verständlichen Sprache gehalten. Der in den Übungen verwendete Wortschatz entspricht dem A2-Wortschatz, sodass die Lernenden die Wörter kennen und sich ganz auf das Üben der Grammatik konzentrieren können.

Das Übungsbuch besteht aus 8 Kapiteln und deckt 54 Grammatikthemen ab. Jedes Thema wird auf einer Doppelseite präsentiert. Die Doppelseite ist wiederum unterteilt in

- *Entdecken* = kurzer einprägsamer Text + Grammatiktabelle + kurze Erläuterungen
- *Üben* = Übungen zu jedem Aspekt der dargestellten Grammatik.

Wir wünschen Ihnen viel Spaß beim Deutschlernen mit *Grammatik leicht A2*!

Autor und Verlag

1 Ich habe das Zimmer aufgeräumt.

Perfekt: trennbare Verben

ENTDECKEN

A Lesen Sie und unterstreichen Sie die Verben.

B Lesen Sie A noch einmal und ergänzen Sie.

		2		Ende
Präsens		Räum	das Zimmer	auf!
Perfekt	Ich	....	das Zimmer gestern	....
Präsens	Er	steigt	am Potsdamer Platz	ein.
Perfekt	Er	ist	am Potsdamer Platz	eingestiegen.

haben / sein + Partizip Perfekt			
Sie	hat	das Zimmer	aufgeräumt.
Er	hat	heute bei uns	angefangen.
Sie	ist	gerade	eingestiegen.

Infinitiv	→	Partizip Perfekt
auf/räumen	→	aufgeräumt
an/fangen	→	angefangen
ein/steigen	→	eingestiegen

C Trennbare Verben im Perfekt. Lesen Sie.

- Man benutzt meistens das Perfekt, wenn man über die Vergangenheit spricht.
- Im Partizip Perfekt steht das *ge-* nach dem Präfix: *angefangen*.

ÜBEN

1 Trennen Sie das Präfix ab.

an↓fangen | zuhören | ansehen | einschlafen | ausfüllen | kennenlernen

2 Lesen Sie und unterstreichen Sie das Partizip Perfekt.

1 Wie geht's deiner Mutter, Ben? – Ich weiß nicht. Ich habe sie noch nicht angerufen.
2 Hast du schon eingekauft? – Ja, klar.
3 Wann bist du heute aufgestanden? – Um sechs Uhr.
4 Wo ist sie ausgestiegen? – Am Potsdamer Platz.
5 Hast du das Licht ausgemacht? – Ja, sicher.

3 Schreiben Sie den Infinitiv oder das Partizip Perfekt.

1	*aufräumen*	aufgeräumt	6	zuhören	....
2	....	ferngesehen	7	....	eingeschlafen
3	....	ausgepackt	8	....	angemacht
4	ausfüllen	....	9	einsteigen	....
5	....	angesehen	10	....	eingekauft

4 Ergänzen Sie das Partizip Perfekt.

1 Wir sind heute schon um sieben Uhr *aufgestanden* (aufstehen). – Was? So früh!
2 Ich bin im Kino .... (einschlafen). – War denn der Film so schlecht?
3 Sie ist in München in den ICE .... (einsteigen). – Und wann kommt sie an?
4 Haben Sie das Formular .... (ausfüllen)? – Ja, hier ist es.
5 Was hat er gesagt? – Keine Ahnung. Ich habe auch nicht .... (zuhören).
6 Ich habe hier in Köln noch niemanden .... (kennenlernen). – Ich auch nicht.

5 Daniela erzählt. Lesen Sie und ergänzen Sie das Partizip Perfekt.

Mein Tagebuch: Unsere Reise nach Paris

Letzte Woche haben wir eine Reise nach Frankreich (1) *gemacht* (machen). Wir sind früh (2) .... (aufstehen) und mit der S-Bahn zum Flughafen (3) .... (fahren). Ich bin in der S-Bahn (4) .... (einschlafen), denn ich war sehr müde. Wir sind nach Paris (5) .... (fliegen). Im Flugzeug haben wir einen netten Franzosen (6) .... (kennenlernen). So habe ich schon ein bisschen Französisch (7) .... (üben). Ein Freund hat uns in Paris vom Flughafen (8) .... (abholen) und ins Hotel (9) .... (bringen). Wir haben die Koffer (10) .... (auspacken) und sind direkt in ein Café (11) .... (gehen). Wir haben Kaffee (12) .... (trinken) und ein Sandwich (13) .... (essen). Hm, das hat (14) .... (schmecken)! Dann haben wir die Stadt (15) .... (besichtigen). Wir sind zum Eiffelturm (16) .... (fahren) und haben Paris von oben (17) .... (sehen). Und wir waren in den Galeries Lafayette und haben (18) .... (einkaufen).

6 Was haben Sie gestern gemacht? Schreiben Sie vier Sätze mit trennbaren Verben.

Ich bin um 9 Uhr aufgestanden.

....

3 Gestern durfte ich helfen.

Präteritum: Modalverben

ENTDECKEN

A Lesen Sie und unterstreichen Sie das Modalverb.

B Lesen Sie A noch einmal und ergänzen Sie.

	können	müssen	dürfen	wollen	sollen
ich	konnte	musste	....	wollte	sollte
du	konntest	musstest	durftest	wolltest	solltest
er / es / sie	konnte	musste	durfte	wollte	sollte
wir	konnten	mussten	durften	wollten	sollten
ihr	konntet	musstet	durftet	wolltet	solltet
sie / Sie	konnten	mussten	durften	wollten	sollten

	2			Ende
Er	wollte		im Bett	bleiben.
Gestern	durfte	ich		helfen.
	Musstet	ihr	Hausaufgaben	machen?

C Modalverben im Präteritum. Lesen Sie.

- Man benutzt meistens das Präteritum der Modalverben, wenn man über die Vergangenheit spricht oder schreibt: *Gestern durfte ich helfen.*
- Bedeutung der Modalverben:

können = Möglichkeit, Fähigkeit	*Er konnte nicht warten. / Sie konnte gut Klavier spielen.*
müssen = Regel, Aufgabe	*Wir mussten viel lernen.*
dürfen = Erlaubnis	*Wir durften singen.*
wollen = Plan, Wunsch	*Ich wollte Arzt werden.*
sollen = Aufgabe, Tipp	*Du solltest studieren.*

ÜBEN

1 Schreiben Sie das Gegenteil im Präteritum.

1. Wir müssen nicht arbeiten. *Gestern mussten wir arbeiten.*
2. Wir müssen nicht ins Büro gehen. ....
3. Wir können lange schlafen. ....
4. Wir können ins Fitness-Studio gehen. ....

2 **Die konnten etwas! Ergänzen Sie *konnte* in der richtigen Form.**

1 Erinnerst du dich noch an Daniela? – Ja, sicher. Sie *konnte* sehr gut Klavier spielen.
2 Und Kerstin und Stefan? Weißt du noch? – Ja, klar. Sie ………… wirklich gut singen.
3 Und Peer? – Ja, er ………… schon mit sieben Jahren Violinkonzerte spielen.

3 **Wenn Eva bei ihren Großeltern war, durfte sie alles. Schreiben Sie Sätze.**

1 *Sie durfte viel Eis essen.* (viel Eis essen)
2 ………… (Serien im Fernsehen sehen)
3 ………… (spät ins Bett gehen)

4 **Das sagten die Eltern. Schreiben Sie.**

1 (Deutschlehrer) *Er sollte Deutschlehrer werden.* Heute fährt er Taxi.
2 (Arzt) ………… Heute ist er Ingenieur.
3 (Lehrerin) ………… Heute ist sie Ärztin.

5 **Schreiben Sie Sätze mit *wollen*.**

1 (gestern / Fitness-Studio gehen)
Gestern wollte ich ins Fitness-Studio gehen. Aber ich hatte keine Zeit.
2 (letztes Jahr / in Urlaub fahren)
………… Aber ich hatte kein Geld.
3 (vor einer Woche / Kino gehen)
………… Aber meine Freundin hatte keine Lust.

6 **Ergänzen Sie die Modalverben im Präteritum.**

◆ Wie war eigentlich der Deutschkurs?
○ Der Deutschkurs war toll. Wir (1) *mussten* (müssen) sehr viel sprechen. Das (2) ………… (wollen) wir auch, denn so lernt man viel.
◆ (3) ………… (müssen) ihr auch Hausaufgaben machen?
○ Ja, wir (4) ………… (sollen) Übungen machen und Texte lesen. Viele (5) ………… (wollen) das nicht. Oder sie (6) ………… (können) nicht. Denn wir (7) ………… (müssen) arbeiten.
◆ (8) ………… (dürfen) ihr denn Fehler machen? Oder hat der Lehrer immer korrigiert?
○ Klar, beim Sprechen (9) ………… (dürfen) wir auch Fehler machen. Wir alle (10) ………… (dürfen) Fehler machen. Nur die Grammatikübungen hat der Lehrer immer korrigiert.

7 **Und Sie? Was sollten Sie werden? Was sagten Ihre Eltern? Schreiben Sie.**

Ich sollte Lehrer werden.

4 Der FC Bayern spielte gestern gegen Manchester.

Präteritum: regelmäßige und unregelmäßige Verben

ENTDECKEN

A Lesen Sie und unterstreichen Sie die Verben.

Der FC Bayern spielte gestern gegen Manchester. David Alaba machte das erste Tor in der dritten Minute. Die Zuschauer sahen ein spannendes Spiel. Beide Mannschaften spielten gut. Der FC Bayern gewann 2:0.

B Lesen Sie A noch einmal und ergänzen Sie.

	regelmäßig		unregelmäßig
	spielen	arbeiten	kommen
ich	spielte	arbeitete	kam
du	spieltest	arbeitetest	kamst
er / es / sie	....	arbeitete	kam
wir	spielten	arbeiteten	kamen
ihr	spieltet	arbeitetet	kamt
sie / Sie	....	arbeiteten	kamen

C Verben im Präteritum. Lesen Sie.

Man benutzt in Berichten, Nachrichten, Literatur, ... das Päteritum für die Vergangenheit.
Zusammenfassung Vergangenheit, siehe 1 bis 4:

	alle Verben	*haben, sein,* Modalverben
Sprechen / informelles Schreiben	*Perfekt*	*Präteritum*
formelles Schreiben	*Präteritum*	*Präteritum*

ÜBEN

1 Schreiben Sie die Infinitive.

1 ich wartete *warten*
2 er blieb ....
3 wir hatten ....
4 sie gingen ....
5 er hieß ....
6 sie lachte ....
7 es gab ....
8 du trafst ....

2 Suchen Sie das Präteritum und ordnen Sie zu. Benutzen Sie Ihr Wörterbuch.

~~spielen~~ ~~kommen~~ machen lesen fahren laufen finden trinken schreiben besuchen nehmen schlafen arbeiten sehen

regelmäßig	unregelmäßig a	u	ie
spielte	*kam*		

3 Eine Liebesgeschichte. Ergänzen Sie die regelmäßigen Verben im Präteritum.

Wir waren noch jung und (1) *liebten* (lieben) uns sehr. Wir (2) .... (studieren) beide in Heidelberg. Carla (3) .... (leben) bei Ihrer Schwester und ich (4) .... (wohnen) im Studentenwohnheim. Wir (5) .... (lernen) viel für die Uni, aber wir trafen uns oft. Wir (6) .... (machen) viel zusammen, manchmal gingen wir ins Kino oder (7) .... (kaufen) ein. Carla (8) .... (kochen) gerne. Manchmal kamen auch Freunde, und wir (9) .... (machen) spontan eine Party. Dann fand Carla einen Job in Berlin und wir (10) .... (heiraten). Berlin war super! Carla (11) .... (lieben) ihren Job. Sie (12) .... (verdienen) gut, und das Leben (13) .... (machen) Spaß. Ich las viel und schrieb mein erstes Buch.

4 Ein Märchen. Ergänzen Sie die unregelmäßigen Verben im Präteritum.

Es war einmal ein kleiner Junge. Er (1) *hieß* (heißen) Tim. Er hatte rote Haare und eine graue Mütze. Tim (2) .... (gehen) gerne zur Schule. Er machte immer die Hausaufgaben, er (3) .... (lesen) viel und (4) .... (schreiben) auch gerne Diktate. Jeden Morgen (5) .... (schlafen) Tim bis sieben Uhr. Dann (6) .... (trinken) er ein Glas Milch. Er (7) .... (nehmen) seine Schultasche, (8) .... (laufen) zur Bushaltestelle und (9) .... (fahren) in die Schule. Tim war immer pünktlich, er (10) .... (kommen) nie zu spät. Eines Tages (11) .... (laufen) Tim wieder zur Bushaltestelle. Da (12) .... (sehen) er den bösen Wolf. Tim hatte keine Angst und (13) .... (geben) dem Wolf die Hand ...

5 Schreiben Sie das Märchen weiter.

....

....

5 Ich würde gerne viel reisen.

Konjunktiv 2: *werden*

ENTDECKEN

A Lesen Sie die Sätze und unterstreichen Sie *würd-*.

www.forum-lotto.de

Thema der Woche:
Du gewinnst 1 Million Euro. Was würdest du tun?

Zitronella56	11:13 Uhr Ich würde gerne viel reisen. Paris, New York ... Ich liebe Städte.
luckyme112	18:34 Uhr Mein Mann und ich möchten gerne auf dem Land leben. Wir würden ein Haus kaufen.
glück&liebe	22:05 Uhr Würdet ihr alles ändern? Ich würde nur mehr Sport machen und weniger arbeiten!

B Lesen Sie A noch einmal und ergänzen Sie.

	werden
ich	....
du	würdest
er / es / sie	würde
wir	....
ihr	....
sie / Sie	würden

	2			Ende
Ich	würde		gerne ein Haus	kaufen.
Er	würde		gerne nach Paris	fahren.
Manchmal	würden	wir	lieber im Bett	bleiben.
Ich	würde		in den B1-Kurs	gehen.
Was	würdet	ihr	heute gerne	machen?
	Würdest	du	alles	ändern?

C Konjunktiv 2. Lesen Sie.

- Man benutzt den Konjunktiv 2 für Träume und Wünsche. Man benutzt ihn auch für höfliche Fragen, Vorschläge oder Tipps: *Ich würde einen Kurs besuchen.*
- Den Konjunktiv 2 bildet man so: *würd-* + Infinitiv.
- ! Für die Bildung des Konjunktiv 2 von *sein*, *haben* und Modalverben siehe 6 bis 9.
- *würd-* steht auf Position 2, der Infinitiv steht am Ende.

ÜBEN

1 Ordnen Sie die Sätze zu und unterstreichen Sie *würd-* und den Infinitiv.

1 Paula hat im Lotto gewonnen.
2 Tim muss heute früh arbeiten.
3 Jan hat wirklich Hunger.
4 Carla möchte heute nicht mehr feiern.
5 Wie findest du mein Deutsch?

a Ganz gut. Aber ich würde noch den B1-Kurs machen.
b Sie würde aber gerne fernsehen.
c Sie würde gerne ein Haus kaufen.
d Er würde lieber lange schlafen.
e Er würde gerne eine Pizza Salami bestellen.

2 **Eine Million im Lotto. Und dann? Was ist richtig? Unterstreichen Sie.**

1 Stephanie *würden / würde* nichts tun.
2 David und Christine wollen Geld verdienen. Sie *würden / würde* eine Firma kaufen.
3 Manuel liebt Autos. Er *würden / würde* einen BMW kaufen.
4 Karen und ich *würden / würde* eine Reise in die USA machen.
5 Ich *würden / würde* ein Haus auf dem Land kaufen und ein Buch schreiben.
6 Und ihr? Was *würdet / würdest* ihr machen?

3 **Ergänzen Sie.**

1 Was *würdest* du denn gerne tun? – Nichts. Nur fernsehen.
2 Ich .... gerne viel Geld verdienen. – Okay. Dann such mal einen guten Job!
3 Wo .... ihr denn gerne essen? – Bei Giovanni.
4 .... Sie bitte das Fenster aufmachen? – Ja, natürlich.
5 Nina .... nie Kaffee zum Frühstück trinken. – Wirklich? Aber Tee, oder?
6 Wir .... das Museum auch gerne sehen. – Meine Eltern waren schon da.

4 **Schreiben Sie Sätze.**

1 Ich reise viel. → Er *würde auch gerne reisen.*
2 Ich tanze gerne. → Du ....
3 Emilie fährt nach Berlin. → Wir ....
4 Peter macht viel Sport. → Sie ....

5 **Fragen und Tipps rund um den Deutschkurs. Ergänzen Sie die richtige Form von *würd-*.**

1 *Würden* Sie einen Grammatikkurs buchen? – Ja, sicher, ich .... den A2-Kurs nehmen.
2 .... du alle Wörter lernen? – Nein, ich .... nur die wichtigen Wörter lernen.
3 .... Sie die Dialoge auch zu Hause hören? – Ja, wir .... sie so oft wie möglich hören.
4 .... ihr immer pünktlich kommen? – Ja, natürlich. Wir .... immer pünktlich kommen, denn das ist höflich.

6 **Träume. Schreiben Sie Sätze und ergänzen Sie Ihren Traum.**

die Copacabana → ich / sehen *Ich würde gerne die Copacabana sehen.*
das Oktoberfest → wir / besuchen ....

....

6 Ich hätte gerne mehr Zeit.

Konjunktiv 2: *haben*

ENTDECKEN

A Lesen Sie die Nachrichten und unterstreichen Sie *hätt-*.

juliablau *16.11., 19:52 Uhr*	Nur Uni, Lernen, Prüfungen! Ich hätte gerne mehr Zeit. Ich hätte gerne einen Tag mit 48 Stunden: spazieren gehen im Park, mit Freunden feiern und schlafen.
unpetitpeu *16.11., 19:56 Uhr*	Ein Tag mit 48 Stunden? Mein Tipp ist: weniger arbeiten. Dann hättest du mehr Spaß im Leben!

B Lesen Sie A noch einmal und ergänzen Sie.

	haben
ich	....
du	....
er / es / sie	hätte
wir	hätten
ihr	hättet
sie / Sie	hätten

	2		Ende
Ich	hätte		gerne mehr Zeit.
Wir	hätten		gerne Kinder.
Dann	hätte	ich	gerne hundert Gramm Schinken.
Was	hätten	Sie	gerne?
	Hätten	Sie	noch etwas Brot?

C Konjunktiv 2 von *haben*. Lesen Sie.

- Man benutzt den Konjunktiv 2 für Träume und Wünsche. Man benutzt ihn auch für höfliche Fragen oder bei Bestellungen: *Ich hätte gerne zwei Brötchen.*
- Der Konjunktiv 2 von *haben* ist *hätt-*. Nach *hätt-* steht der Akkusativ: *Ich hätte gerne einen roten Mantel.*

ÜBEN

1 Lesen und unterstreichen Sie *hätt-*. Welche Dialoge enthalten einen Traum? Kreuzen Sie an.

- ☒ **1** Ich hätte gerne einen Sportwagen. – Ich auch. Aber die sind so teuer!
- ○ **2** Was darf's sein? – Ich hätte gerne hundert Gramm Schinken.
- ○ **3** Wir hätten gerne ein Haus mit Pool. – Ja, das hätte ich auch gerne.

2 Ein Mann und seine Träume. Schreiben Sie Sätze.

1 ● Familie / groß *Er hätte gerne eine große Familie.*
2 ● Haus / modern ....
3 ● Freunde / nett ....
4 ● Wagen / schön ....

3 In einem Restaurant. Sortieren und schreiben Sie.

1 Ich / ein Glas Wein. / hätte gerne — *Ich hätte gerne ein Glas Wein.*
2 hätten gerne / Wir / eine Pizza und einen Salat. ……
3 Ich / noch etwas Brot, bitte. / hätte gerne ……
4 den Rotwein. / Wir / hätten lieber ……

4 Tiere. Schreiben Sie Sätze.

1 Wir haben einen Papagei. → ● Katze — *Wir hätten lieber eine Katze.*
2 Sie hat eine Katze. → ● Hund — *Sie hätte* ……
3 Ihr habt einen Hund. → ● Krokodil ……
4 Ich habe ein Krokodil. → ● Pony ……
5 Sie haben ein Pony. → ● Vögel ……
6 Du hast Vögel. → ● Fische ……

5 *haben* oder *würden*? Schreiben Sie Sätze im *Konjunktiv 2* mit *gerne*.

1 Ich *tanze* gerne. → *Du würdest gerne tanzen.*
2 Du *hast* ein schönes Haus. → *Ich* ……
3 Ich *fahre* nach Griechenland. → *Du* ……
4 Du *hast* viel Zeit. → *Ich* ……

6 Was sagen Lisa, Michelle und Christina über ihre Jobs? Ergänzen Sie.

~~hätte~~ würde hätte würde hätte würde würde

Lisa: Ich bin Architektin und habe ein eigenes Büro. Das ist super. Aber ich (1) *hätte* gerne mehr Zeit. Ich (2) …… mich oft mit meinen Freunden treffen, und ich (3) …… mehr lesen.

Michelle: Ich hatte als Student viel Zeit und viele Freunde. Heute arbeite ich nur noch. Mein Job ist mir wichtig. Ich (4) …… gerne noch mehr verdienen, und ich (5) …… gerne ein neues Auto.

Christina: Ich bin Krankenschwester und liebe meinen Job. Aber ich (6) …… gerne weniger arbeiten. Ich (7) …… gerne ein kleines Apartment.

7 Und Ihre Träume? Was hätten Sie gerne? Was würden Sie gerne tun? Schreiben Sie drei Sätze.

Ich hätte gerne mehr Zeit.
……
……

7 Wärst du gerne wieder ein Kind?

Konjunktiv 2: *sein*

ENTDECKEN

A Lesen Sie die Nachrichten und unterstreichen Sie *wäre* und *wärst*.

www.maedchen-forum.net

Wärst du gerne wieder ein Kind?

MrsUnknown, 20:37	Manchmal wäre ich gerne wieder ein Kind: Ich würde mit Puppen spielen und wäre klein und süß. Das Leben wäre einfacher.
CrazyGirl11, 20:40	Wärst du wirklich gerne wieder so klein? Also ich nicht. Eigentlich möchte ich so alt sein wie ich jetzt bin.

B Lesen Sie A noch einmal und ergänzen Sie.

	sein
ich	....
du	....
er / es / sie	....
wir	wären
ihr	wärt
sie / Sie	wären

	2		Ende
Ich	wäre		gerne wieder jung.
Er	wäre		gerne reich.
Manchmal	wären	wir	am liebsten wieder bei dir.
Wo	wärst	du	jetzt gerne?
	Wärt	ihr	so nett und würdet mich bringen?
	Wären	Sie	lieber wieder zu Hause?

C Konjunktiv 2 von *sein*. Lesen Sie.

- Man benutzt den Konjunktiv 2 für Träume und Wünsche. Man benutzt ihn auch für höfliche Fragen: *Wärst du so nett?*
- Der Konjunktiv 2 von *sein* ist *wär-*: *Ich wäre gerne wieder jung.*

Zusammenfassung Konjunktiv, siehe 5 bis 7:

		Konjunktiv 2
Verben	Ich tanze.	Ich würde gerne tanzen.
haben	Ich habe ein Auto.	Ich hätte gerne ein Auto.
sein	Ich bin reich.	Ich wäre gerne reich.

ÜBEN

1 Höflich oder unhöflich. Kreuzen Sie an.

1 Geh an die Tafel! ○ höflich ☒ unhöflich
2 Wärst du so nett und würdest du das wiederholen? ○ höflich ○ unhöflich
3 Machen Sie doch die Fenster auf! ○ höflich ○ unhöflich
4 Wären Sie so freundlich und würden Sie das Licht anmachen? ○ höflich ○ unhöflich

2 Wovon träumen die Leute? Schreiben Sie.

1 Ben ist im Büro. (zu Hause)
Er wäre gerne zu Hause.

2 Anna und Naomi sind in Wien. (in Berlin)
....

3 Carla ist in der Uni. (am Strand)
....

4 Tim ist im Deutschkurs. (bei Julia)
....

3 Präteritum oder Konjunktiv? Was ist richtig? Unterstreichen Sie.

1 Ich *war* / *wäre* so gerne bei dir.
2 Gestern *war* / *wäre* er im Kino.
3 Hier gefällt es mir nicht.
Ich *war* / *wäre* jetzt gerne in Berlin.
4 Im letzten Urlaub *waren* / *wären* wir jeden Tag am Strand.
5 Wir *waren* / *wären* jetzt gerne zu Hause.
6 Sie *war* / *wäre* noch nie in Wien.

4 Lesen Sie über Johannas Tag und ergänzen Sie *wär-*.

Heute bin ich wieder im Fitness-Studio. Ich (1) *wäre* viel lieber zu Hause. Aber so geht es vielen hier. Auch Anna und Emily. Sie gehen gerade in den Pilates-Kurs. Aber ich bin sicher, sie (2) .... jetzt lieber mit ihren Freunden im Café. Ach ja, und ich wohne jetzt auf dem Land. Ich (3) .... ja viel lieber wieder in der Stadt. Aber das ist viel zu teuer. Morgen früh fliegen Hansi und ich nach Berlin. Wir (4) .... morgen ja lieber im Büro, denn Steffi macht eine Party. Und ihr? Wo (5) .... ihr gerade lieber?

5 Ich auch! Schreiben Sie Sätze mit *wäre, würde* und *hätte*.

1 Er *ist* glücklich. → *Ich wäre auch gerne glücklich.*
2 Sie *spricht* Deutsch. → ....
3 Er *hat* ein großes Auto. → ....
4 Sie *ist* noch so jung. → ....

6 Im Deutschkurs. Schreiben Sie höfliche Fragen.

1 Sie / freundlich *Wären Sie so freundlich* und würden Sie langsamer sprechen?
2 du / lieb .... und würdest du das wiederholen?
3 ihr / nett .... und würdet ihr an die Tafel kommen?
4 Sie / freundlich .... und würden Sie das notieren, Frau Frank?

7 Wer wären Sie gerne? Und wo wären Sie gerne? Schreiben Sie zwei Sätze.

Ich wäre gerne Angela Merkel. Ich wäre gerne in Berlin.
....

8 Du solltest deine Freunde gut auswählen.

Konjunktiv 2: *sollen*

ENTDECKEN

A **Lesen Sie und unterstreichen Sie *sollt-*.**

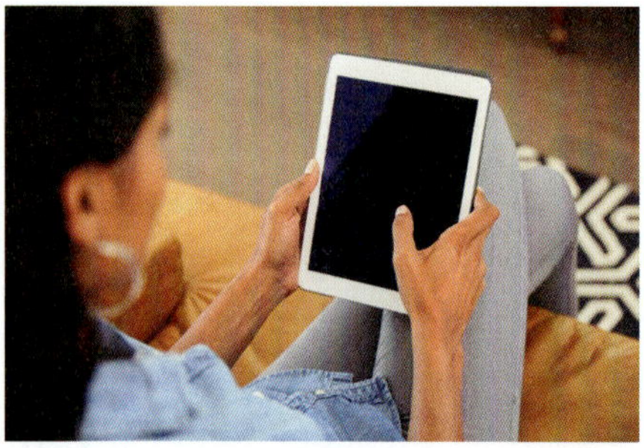

Regeln für soziale Medien

1 Du solltest keine privaten Fotos posten.
2 Man sollte seine Freunde gut auswählen.
3 Wir sollten nur über interessante Dinge berichten.
4 Ihr solltet korrekt und ohne Fehler schreiben.

B **Lesen Sie und ergänzen Sie.**

	sollen
ich	sollte
du	....
er / es / sie	sollte
wir	....
ihr	solltet
sie / Sie	sollten

	2			Ende
Du	solltest		keine privaten Fotos	posten.
Sie	sollten		Ihre Freunde gut	auswählen.
Heute	sollten	Sie	auch einmal offline	gehen.
Wo	solltet	Ihr	eure Freunde	treffen?
	Sollten	wir	nicht über interessante Dinge	berichten?

C **Konjunktiv 2 von *sollen*. Lesen Sie.**

- Man benutzt den Konjunktiv 2 für Tipps oder Vorschläge: *Du solltest Deutsch lernen.*
- Formen: Konjunktiv wie Präteritum.
- *sollt-* steht auf Position 2, der Infinitiv steht am Ende.

ÜBEN

1 **Lesen Sie und unterstreichen Sie die Formen von *sollt-*.**

1 Ich poste mal das Foto von Carla und mir in der Bar. – Das solltest du nicht tun.
2 Sollten Sie nicht die E-Mail heute schreiben? – Ja, aber ich habe keine Zeit.
3 Er hat bestimmt 800 Freunde in den sozialen Netzwerken. – Naja, er sollte seine Freunde besser auswählen.
4 Ich sollte mal die Webseite neu schreiben. – Ja, mach das!
5 Solltet ihr nicht gehen? – Ja, du hast recht. Wir haben gleich einen Termin.

2 **Vergleichen Sie Deutsch und Englisch. Dann übersetzen Sie.**

Deutsch	Englisch	Meine Sprache
Du solltest ein Foto posten.	You should post a photo.	....
Er sollte vorsichtig sein.	He should be careful.	....

3 **Viele Tipps. Was ist richtig? Unterstreichen Sie.**

1 David arbeitet zu viel. Er *sollten* / *sollte* mal wieder seine Freunde treffen.
2 Tina und Marco sind ein bisschen zu dick. Sie *sollten* / *sollte* mehr Sport machen.
3 Das Haus ist doch viel zu teuer für euch. Ihr *sollten* / *solltet* eine kleine Wohnung mieten.
4 Als Ärztin müssen Sie mit den Patienten sprechen. Sie *sollten* / *sollte* einen Deutschkurs machen.

4 **Geben Sie Tipps.**

1 Ich habe kein Geld. (arbeiten) *Du solltest mehr arbeiten.*
2 Ich verstehe hier nichts. (einen Deutschkurs machen) ……………
3 Ich habe keine Freunde. (auf Partys gehen) ……………
4 Ich bin gestresst. (Urlaub machen) ……………

5 **Regeln im Fitness-Studio. Schreiben Sie Sätze mit *ihr solltet* …**

Bitte, bitte, bitte …!
1 Telefoniert nicht im Studio!
2 Bringt ein Handtuch mit!
3 Tragt saubere Sportschuhe!
4 Wärmt euch immer auf!
5 Kommt pünktlich in die Kurse!
6 Vergesst eure Chipkarte nicht!
Danke, euer Fitness-Team

Und so sagt es Christiane, die Trainerin:

1 *Ihr solltet nicht im Studio telefonieren.*
2 ……………
3 ……………
4 ……………
5 ……………
6 ……………

6 **Ergänzen Sie.**

1 Mann, mein Deutsch ist so schlecht! – Du *solltest* einen Kurs machen.
2 …………… er nicht beim Training sein? – Ja, aber er ist krank.
3 Wir …………… mal wieder deine Mutter anrufen. – Okay, das machen wir am Wochenende.
4 Der Kühlschrank ist leer. Ihr …………… einkaufen gehen. – Wir haben leider keine Zeit.

7 **Was ist richtig füür soziale Medien? Schreiben Sie und geben Sie noch einen Tipp.**

schreiben / nicht über deinen Chef *Du solltest nicht über deinen Chef schreiben.*
posten / keine privaten Fotos ……………
……………

9 Könntest du bitte das Fenster zumachen?

Konjunktiv 2: *können*

ENTDECKEN

A **Ordnen Sie die Fotos den Fragen zu.**

1 A Könntest du bitte das Fenster zumachen?

2 ...... Könntet ihr bitte den Text lesen?

3 ...... Könntest du bitte die Tafel putzen?

A

B

C

B **Lesen Sie A noch einmal und ergänzen Sie.**

	können
ich	könnte
du	....
er / es / sie	könnte
wir	könnten
ihr	....
sie / Sie	könnten

	2			Ende
Wir	könnten		nach dem Kurs Kaffee	trinken.
Heute	könnte	er	auch eine Pizza	essen.
Was	könnten	wir	denn heute	essen?
	Könntest	du	bitte das Fenster	zumachen?
	Könnten	Sie	bitte morgen	kommen?
	Könntet	ihr	bitte den Text	lesen?

C **Konjunktiv 2 von *können*. Lesen Sie.**

- Man benutzt den Konjunktiv 2 für höfliche Fragen oder Vorschläge:
  Er könnte auch eine Pizza essen.
- *bitte* macht die Frage noch höflicher und steht hinter dem Personalpronomen:
  Könntest du bitte lesen? Könntest du mir bitte helfen?
- Formen: Konjunktiv 2 wie Präteritum, aber Achtung Umlaute: *ich konnte → ich könnte.*
- *könnt-* steht auf Position 2, der Infinitiv steht am Ende.

ÜBEN

1 **Unterstreichen Sie die Formen von *könnt-*. Höfliche Fragen (F) oder Vorschläge (V)? Markieren Sie.**

1 Könnten Sie mir bitte ein Glas Wasser geben? (F) – Ja, gerne.
2 Wir könnten einen Film sehen. (......) – Super Idee!
3 Könntest du bitte etwas langsamer sprechen? (......) – Ja, klar.
4 Ihr könntet auch zu uns kommen. (......) – Ja, warum nicht?

2 Vergleichen Sie Deutsch und Englisch. Dann übersetzen Sie.

Deutsch	Englisch	Meine Sprache
Könntest du bitte das Fenster zumachen?	Could you close the window, please?	
Wir könnten Pizza essen.	We could eat pizza.	

3 Im Deutschkurs. Wo steht *bitte* in den Fragen? Machen Sie einen Pfeil ↓.

1 Könntet ihr ↓ einzeln sprechen?

2 Könntest du an die Tafel kommen?

3 Das Wort verstehe ich nicht. Könnten Sie es wiederholen?

4 Das kann ich nicht. Könnten Sie mir helfen?

4 Alles ist kaputt und Sie brauchen Hilfe. Schreiben Sie höfliche Fragen.

1 Die Spülmaschine ist kaputt. *Kommen Sie!* → *Könnten Sie bitte kommen?*
2 Die Heizung funktioniert nicht. *Hilf mir!* → ……
3 Mein Fahrrad ist kaputt. *Reparier es!* → ……
4 Mein Auto läuft nicht. *Schicken Sie einen Mechaniker!* → ……
5 Mein Computer funktioniert nicht. *Ruf mich an!* → ……

5 Schreiben Sie höfliche Fragen.

Könnten Sie bitte die E-Mail schreiben?

~~die E-Mail schreiben (→ Sie)~~
mir einen Kaffee mitbringen (→ du)
Herrn Müller zum Meeting einladen (→ Sie)
morgen früher kommen (→ du)
noch dem Kunden antworten (→ Sie)

6 Machen Sie Vorschläge.

1 wir / Sushi essen — *Wir könnten Sushi essen.*
2 ins Kino gehen / ihr
3 Erika / Tennis spielen / mit ihrer Freundin
4 auch zu dir kommen / ich
5 du / im Fitness-Studio trainieren
6 später kommen / er

7 Was möchten Sie gerne nach der Arbeit tun? Machen Sie Vorschläge.

Wir könnten zusammen kochen.

10 Ich wasche mich.

Reflexive Verben

ENTDECKEN

A **Ordnen Sie die Bilder den Sätzen zu.**

1 .... Ich ärgere mich.
2 .... Ich wasche mich.

B **Lesen Sie A noch einmal und ergänzen Sie.**

	sich waschen
ich	wasche ....
du	wäschst dich
er / es / sie	wäscht sich
wir	waschen uns
ihr	wascht euch
sie / Sie	waschen sich

	2			Ende
Ich	wasche		mich.	
Wann	meldest	du	dich	an?
Er	ärgert		sich.	
	Ziehen	wir	uns	an?
Ihr	wascht		euch.	
Sie	treffen		sich.	

C **Reflexive Verben. Lesen Sie.**

- Beispiele für reflexive Verben: *sich waschen, sich ärgern, sich anmelden.*
- Formen: Reflexivpronomen wie Personalpronomen im Akkusativ. Eine Ausnahme ist die 3. Person Singular: *Er wäscht sich.*

ÜBEN

1 **Lesen Sie und unterstreichen Sie die reflexiven Verben und die Reflexivpronomen.**

1 Wo <u>treffen</u> Sie <u>sich</u>? Am Bahnhof? – Nein, am Zoo.
2 Was machst du heute? Ruhst du dich aus? – Ja, ich bin müde.
3 Erinnerst du dich an unseren letzten Urlaub? – Ja, er war so schön.
4 Freut ihr euch auf den Besuch? – Ja, sehr.
5 Wie geht's ihm? – Ich glaube, er fühlt sich nicht gut.
6 Was ist los? – Ich muss mich beeilen. Der Deutschkurs fängt gleich an.

2 **Sortieren Sie die Buchstaben.**

1 sich terffen	*sich treffen*	6 sich fereun	....
2 sich rägern	....	7 sich fhülen	....
3 sich manelden	....	8 sich enwasch	....
4 sich sauruhen	....	9 sich ziehanen	....
5 sich reinenrn	....	10 sich beielen	....

3 **Ergänzen Sie das Reflexivpronomen.**

1 *Ich* melde mich an.
2 Worauf freust *du* ....?
3 *Claudia* erinnert .... nicht.
4 *Wir* treffen .... im Fitness-Studio.
5 Wie fühlt *ihr* .... heute?
6 *Kim und Tom* ärgern .... sehr.
7 Bitte kommen Sie. *Sie* müssen .... beeilen.

4 **Tor! Wohin kommt der Ball? Verbinden Sie.**

1 Ich ☐ melde ☐ jetzt an.
2 Ruht ihr ☐ aus ☐ ?
3 Wir ☐ müssen ☐ beeilen.
4 Warum ☐ fühlt er ☐ nicht gut?

mich
euch
uns
sich

5 **Im Urlaub. Ergänzen Sie die Reflexivpronomen.**

◆ Was machst du?
○ Ich ruhe (1) mich ein bisschen aus. Sag mal, was ist denn mit Claudia?
◆ Ach, sie ärgert (2) .... über das Hotelzimmer. Die Klimaanlage ist kaputt.
○ Ja, ja, immer das gleiche Problem. Weißt du noch auf Ibiza? Keine Klimaanlage, keine Bar ...
◆ Ja, ich erinnere (3) .... Du, hast du (4) .... schon für den Surfkurs angemeldet?
○ Nein, habe ich nicht. Clara möchte auch mitmachen.
◆ Okay, aber ihr müsst (5) .... beeilen. Der Kurs fängt morgen an.
○ Ja, klar. Ich spreche mit Clara. Aber heute fühlt sie (6) .... nicht so gut.
◆ Oh, nein! Wir wollten (7) .... doch an der Bar treffen. Ich freue (8) .... schon den ganzen Tag auf einen leckeren Cocktail.
○ Vielleicht kommt sie später noch. Lass uns gehen!

6 **Worauf freuen Sie / Ihre Freunde sich? Worüber ärgern Sie / Ihre Freunde sich? Schreiben Sie vier Sätze.**

Ich freue mich auf das Wochenende.

....

....

....

11 Der Motor wird repariert.

Passiv Präsens

ENTDECKEN

A **Unterstreichen Sie die Verben und ordnen Sie dann die Bilder den Sätzen zu.**

1 B Der Motor wird repariert.
2 ...... Die Kartoffeln werden gekocht.
3 ...... Die Häuser werden gebaut.

B **Lesen Sie A noch einmal und ergänzen Sie.**

Aktiv: Der Mechaniker repariert den Motor.
Akkusativ

Passiv: Der Motor ....
Nominativ

ich	werde
du	wirst
er / es / sie	wird
wir	werden
ihr	werdet
sie / Sie	werden

	2			Ende
Der Motor	wird		heute	repariert.
Bald	werden	Häuser		gebaut.
Wann	werden	die Büros		geputzt?
	Werden	wir	nicht	abgeholt?

Infinitiv	→ Partizip Perfekt
reparieren	→ repariert
bauen	→ gebaut
putzen	→ geputzt
abholen	→ abgeholt

C **Passiv Präsens. Lesen Sie.**

- Wer etwas tut ist nicht so wichtig? Dann benutzt man oft das Passiv.
- Das Objekt im Aktivsatz wird zum Subjekt im Passivsatz.
- Das Passiv bildet man mit *werden* und dem Partizip Perfekt: *wird repariert*.

ÜBEN

1 **Die Person ist wichtig: Man kennt sie (✓). Die Person ist nicht wichtig: Man kennt sie nicht (X). Markieren Sie.**

1 Steffie putzt die Wohnung. ✓
2 Das Auto wird repariert. X
3 Die Wohnung wird geputzt. ......
4 Der Mitarbeiter von Ikea liefert den Schrank. ......
5 David repariert sein Auto. ......
6 Der Schrank wird geliefert. ......

2 **Unterstreichen Sie *wird / werden*. Sortieren Sie die Buchstaben und ergänzen Sie das Partizip Perfekt.**

1 Wann werden hier die Büros geputzt (pugetzt)? – Von 19 bis 20 Uhr.
2 Wohnt ihr noch bei Freunden? – Ja, unser Haus wird gerade .... (bageut).
3 Wo ist denn dein Mantel? – In der Reinigung. Er wird .... (reigenigt).
4 Hast du ein neues Buch geschrieben? – Ja, es wird heute .... (drugeckt).
5 Das Brandenburger Tor ist berühmt, oder? – Ja, es wird sehr oft .... (fogrtoafiert).
6 Muss ich den Personalausweis mitnehmen? – Ja, vor dem Stadion wird oft .... (trolliertkon).
7 Der Schrank ist viel zu groß für unser Auto. – Kein Problem! Er wird .... (liegefert).
8 Ich hoffe, dass alles richtig ist. – Keine Angst, die Rechnungen werden .... (prgeüft).

3 ***wird* oder *werden*? Unterstreichen Sie.**

1 Die Häuser *wird / werden* hier im Dorf gebaut.
2 Die Zeitung *wird / werden* in Berlin gedruckt.
3 Der Ausweis *wird / werden* oft kontrolliert.
4 Die Fans *wird / werden* vor dem Konzert kontrolliert.

4 **Unser Haus! Was wird alles gemacht? Schreiben Sie Sätze.**

1 die neuen Regale / liefern / schnell
2 die Fenster / putzen / morgen
3 eine Garage / bald / bauen
4 die Türen / reparieren / später
5 auch bald / die Küche / renovieren
6 die Waschmaschine / genau / prüfen
7 der Kühlschrank / reinigen / nächste Woche
8 der alte Herd / auch / kontrollieren

	2		Ende
1 Die neuen Regale	werden	schnell	geliefert.
2 Morgen	....	die Fenster	....
3	....	bald	....
4 Später	....	....	....
5	....	auch bald	....
6	....	....	....
7 Nächste Woche	....	....	....
8	....	....	....

5 **Was wird bei Ihnen zu Hause alles geliefert? Kreuzen Sie an und ergänzen Sie.**

○ Pizza wird geliefert. ○ Getränke werden geliefert. ○ ....

12 Ich freue mich auf die Zusammenarbeit.

Verben mit Präpositionen 1

ENTDECKEN

A Lesen Sie und unterstreichen Sie die Präposition.

B Lesen Sie A noch einmal und ergänzen Sie.

Verb + Präposition + Akkusativ		
sich ärgern über	→	Du ärgerst dich über die Preise.
sich beschweren über	→	Ihr beschwert euch über den Service.
sich bewerben um	→	Ich bewerbe mich um die Stelle.
denken an	→	Ich denke oft an dich.
sich freuen auf	→	Ich freue mich .... die Zusammenarbeit.
sich interessieren für	→	Er interessiert sich für den Kurs.
sich kümmern um	→	Wir kümmern uns um die Kinder.

C Verben mit Präpositionen + Akkusativ. Lesen Sie.

- Viele Verben haben eine feste Präposition: *sich interessieren für, sich freuen auf, ...*
- Tipp: Lernen Sie diese Verben mit Präpositionen immer mit dem richtigen Kasus.

ÜBEN

1 Ordnen Sie Verben und Präpositionen zu.

1 denken **2** sich kümmern **3** sich freuen **4** sich bewerben **5** sich ärgern **6** sich interessieren **7** sich beschweren

.... **a** auf .... **c** für .... **e** über .... **g** um

1 **b** an .... **d** um .... **f** über

2 Ordnen Sie zu.

1 Meine Frau geht ins Fitness-Studio. Heute kümmere ich mich
2 Bei der Firma verdient man gut. Da bewerbe ich mich
3 Bald ist Sommer. Die Kinder freuen sich schon
4 Theo geht oft ins Konzert. Er interessiert sich sehr
5 Ich liebe dich. Ich denke oft
6 Es ist Sommer und es regnet wieder. Wir ärgern uns jeden Tag
7 Hier im Hotel funktioniert gar nichts. Ich beschwere mich jetzt

a über den Service.
b über das Wetter.
c auf den Urlaub.
d um das Essen.
e um eine Stelle.
f für Musik.
g an dich.

3 Lesen Sie und ergänzen Sie die Präpositionen.

1 Kommt Oma denn wirklich? – Ja, klar! Ich freue mich schon *auf* ihren Besuch.
2 Die Anzeige ist interessant, oder? – Ja, ich möchte mich .... die Stelle bewerben.
3 Was kann ich für Sie tun? – Ich möchte mich .... den Service hier beschweren.
4 Ich denke oft .... meine Familie. – Ja, das kann ich verstehen.
5 Interessieren Sie sich .... Fußball? – Nein, nicht wirklich.
6 Können Sie sich bitte .... das Gepäck kümmern? – Ja, natürlich. Ich bringe es Ihnen.
7 Ich ärgere mich oft .... die Preise hier. – Ja, München ist wirklich teuer.

4 Urlaub und nur Probleme! Schreiben Sie Sätze.

1 sich ärgern über / ● Kellner	Tim *ärgert sich über den Kellner.*
2 sich beschweren über / ● Preise	Steffie ....
3 sich ärgern über / ● Hotelzimmer	Ben ....
4 sich beschweren über / ● Frühstück	Meine Eltern ....

5 Lesen Sie den Blog. Welche Präposition ist richtig? Unterstreichen Sie.

www.mein-freund-und-ich.de

Ich heiße Emilia und wohne in München. Ich denke oft (1) *an* / *über* meinen Freund. Er heißt Marc und wohnt in Berlin. Ich sehe ihn nicht oft. Er interessiert sich sehr (2) *über* / *für* Musik und geht oft in Konzerte. Aber manchmal ärgert er sich (3) *um* / *über* die Preise. Die Konzerte sind heute wirklich teuer. Marc ist Sozialarbeiter. Er kümmert sich (4) *um* / *über* arme Kinder und ihre Familien.
Marc möchte sich jetzt (5) *über* / *um* eine Stelle in München bewerben. Er möchte hier arbeiten und wir möchten zusammen wohnen. Am Wochenende kommt Marc nach München. Ich freue mich schon (6) *auf* / *über* ihn.

6 Was interessiert Sie? Schreiben Sie zwei Sätze.

Ich interessiere mich für Musik.

13 Ich träume von einem Haus.

Verben mit Präpositionen 2

ENTDECKEN

A **Lesen Sie und unterstreichen Sie die Präposition.**

B **Lesen Sie A noch einmal und ergänzen Sie.**

Verb + Präposition + Dativ		
Angst haben vor	→	Ich habe Angst vor Hunden.
sprechen mit	→	Wir sprechen heute mit dem Chef.
teilnehmen an	→	Möchtet ihr an der Veranstaltung teilnehmen?
telefonieren mit	→	Er telefoniert gerade mit ihr.
träumen von	→	Ich träume .... einem Haus und einer Familie.
sich treffen mit	→	Er trifft sich mit ihr.
sich verabreden mit	→	Ich bin mit meiner Freundin verabredet.

C **Verben mit Präpositionen + Dativ. Lesen Sie.**

- Viele Verben haben eine feste Präposition: *sprechen mit, träumen von, ...*
- Tipp: Lernen Sie diese Verben mit Präpositionen immer mit dem richtigen Kasus.

ÜBEN

1 **Lesen Sie und unterstreichen Sie die Verben und die Präpositionen *von* und *mit*.**

1 Ist sie traurig? – Ja, bitte sprich noch einmal mit ihr!
2 Was machst du jetzt? – Ich treffe mich mit meinem Freund.
3 Gehst du schon? – Ja, ich habe mich mit meinem Freund verabredet.
4 Was wünschst du dir am meisten? – Ich träume von einem kleinen Haus am See.

2 **Sortieren Sie und schreiben Sie Sätze.**

REDE MICH | NER SCHWESTER. | 1 ICH VERAB | MIT MEI
MT AN | 2 ER NIM | DEM KURS | TEIL.
LEGIN. | FONIERT MIT | IHRER KOL | 3 SIE TELE
4 HABT IHR | DER PRÜ | ANGST VOR | FUNG?

1 *Ich verabrede mich mit meiner Schwester.*
2 ....
3 ....
4 ....

3 Ordnen Sie zu.

1 Sie ist meine Freundin. Ich telefoniere oft — d
2 Er mag mich und verabredet sich gerne
3 Er heißt Jan und ich treffe mich heute
4 Meine neuen Nachbarn sind nett. Ich spreche oft

a mit mir.
b mit ihnen.
c mit ihm.
d mit ihr.

4 Lesen Sie den Blog und ergänzen Sie die Präpositionen.

mit | mit | mit | über | über | ~~um~~ | für | auf

www.leute-und-jobs.de

Carla mag ihren neuen Job. Sie arbeitet bei TechFirst und kümmert sich (1) *um* den Kundenservice. Sie interessiert sich sehr (2) .... Computer und freut sich (3) .... die Gespräche mit Kunden. Die Kunden sind meistens ganz nett. Aber manche ärgern sich (4) .... die Preise oder beschweren sich (5) .... die Technik. Dann telefoniert Carla (6) .... ihnen und hilft. Aber Carla hat auch ein Problem: zu viel Arbeit. Deshalb muss sie bald (7) .... ihrem Chef sprechen. Heute arbeitet Carla nur bis 16 Uhr. Sie hat sich (8) .... Paul verabredet. Die beiden möchten ins Kino gehen.

5 Das ist Liebe. Akkusativ oder Dativ? Unterstreichen Sie.

1 Er ist so nett! Ich träume schon von *ihn* / *ihm*.
2 Er interessiert sich auch sehr für *mich* / *mir*.
3 Morgen trifft er sich mit *mich* / *mir*.
4 Ich hoffe, er denkt an *mich* / *mir*.
5 Er hat sich mit *mich* / *mir* verabredet.
6 Ich freue mich schon auf *ihn* / *ihm*.

6 Ergänzen Sie die Tabelle.

Verb	Präposition	Akkusativ	Dativ
träumen	*von*		*X*
denken			
telefonieren			
sich interessieren			
sich verabreden			
sprechen			
sich freuen			
sich treffen			

7 Wovon träumen Sie? Schreiben Sie zwei Sätze.

Ich träume von einem warmen Sommer.

....

14 Ich lasse meine Uhr reparieren.

lassen

ENTDECKEN

A Ordnen Sie die Bilder den Sätzen zu.

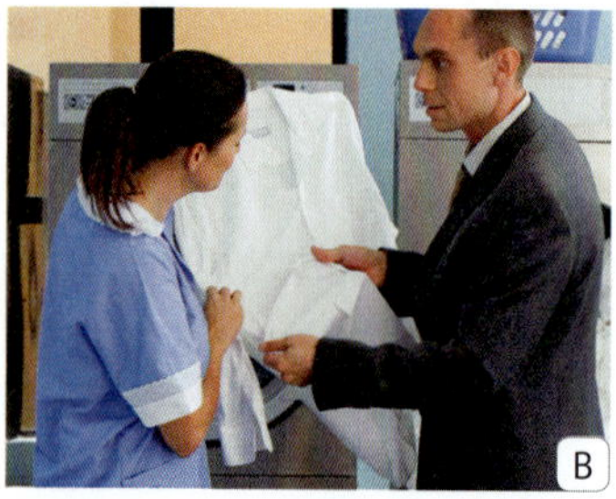

1 .... Wir lassen ein Haus bauen.
2 .... Ich lasse die Hemden waschen.

B Lesen Sie A noch einmal und ergänzen Sie.

	lassen
ich	....
du	lässt
er / es / sie	lässt
wir	....
ihr	lasst
sie / Sie	lassen

	2			Ende
Ich	lasse		meine Uhr	reparieren.
Du	lässt		dein Auto	waschen.
Sie	lässt		die Kinder länger	schlafen.
Wo	lässt	er	seine Hemden	waschen?
	Lassen	wir	unser Auto	stehen?

C *lassen*. Lesen Sie.

- *lassen* benutzt man, wenn man etwas ...
  nicht selbst macht: *Ich lasse meine Hemden waschen.*
  (nicht) erlaubt: *Sie lässt die Kinder länger schlafen.*
  nicht verändert: *Ich lasse das Auto stehen.*
- *lassen* steht auf Position 2, der Infinitiv steht am Ende.
- Achtung! Umlaut nach *du* und *er / es / sie: lassen* → *lässt.*

ÜBEN

1 Paul und Paula machen nichts selbst. Schreiben Sie Sätze mit *lassen*.

1 Er wäscht seine Hemden nicht selbst. *Er lässt seine Hemden waschen.*
2 Sie schneidet ihre Haare nicht selbst. ....
3 Er repariert sein Auto nicht selbst. ....
4 Sie putzt ihre Wohnung nicht selbst. ....
5 Sie kauft ihre Lebensmittel nicht selbst ein. ....

2 Dinge machen lassen. Ergänzen Sie.

1 Lässt du auch die Lebensmittel liefern? – Ja, ich bestelle sie im Internet.
2 Wann .... ihr denn die Wohnung renovieren? – Vielleicht nächstes Jahr.
3 Lena und Ben .... die Fahrräder reparieren. – Ach, und wo?
4 Ich .... den Motor austauschen. – Warum? Fährt das Auto denn nicht mehr?
5 .... wir einen Handwerker kommen? – Ja, die Waschmaschine ist schon wieder kaputt.
6 Carla .... die Hose ändern. – Warum? Ist sie denn zu eng?

3 Alles ist erlaubt. Schreiben Sie Sätze mit *lassen*.

1 Wir dürfen viel lesen.	Der Deutschlehrer lässt uns viel lesen.
2 Die Kinder dürfen viel spielen.	Die Mutter ....
3 Ronja darf mit meinem Auto fahren.	Ich ....
4 Ihr dürft auch Fehler machen.	Eure Chefs ....

4 Die Dinge bleiben so. Unterstreichen Sie die richtige Form von *lassen*.

1 Ich habe etwas getrunken und *lassen* / *lasse* den Wagen stehen. – Das ist gut so.
2 *Lässt* / *Lasst* du bitte die Schlüssel auf dem Tisch liegen? – Ja, sicher.
3 *Lassen* / *Lasst* wir die Fenster offen? – Ja, kein Problem. Es regnet heute nicht.
4 Bitte *lassen* / *lasst* Sie die Tür geschlossen. – Ja, gerne.

5 Ergänzen Sie den Dialog.

lassen den Kaffee kochen | lassen ihre Termine organisieren | ~~lässt ihre E-Mails schreiben~~ | lässt seine Reisen buchen

◆ Du Kerstin, machst du eigentlich immer noch alles selbst?
○ Ja, sicher, ich schreibe alle E-Mails selbst. Nur meine Chefin (1) lässt ihre Mails schreiben.
◆ Und Kaffee kochst du natürlich auch selbst?
○ Ja, nur unsere Chefs haben Assistenten und (2) ....
◆ Wer bucht denn deine Reisen?
○ Na, ich! Aber ich habe einen Kollegen, und er (3) ....
◆ Und deine Termine?
○ Die Termine organisiere ich. Nur die Chefs (4) ....

6 Was lassen Sie alles machen? Schreiben Sie zwei Sätze.

Ich lasse mein Fahrrad reparieren.

....

15 Die Eltern, die Kinder

Singular und Plural

ENTDECKEN

A Lesen Sie und unterstreichen Sie die Nomen im Plural.

B Lesen Sie A noch einmal und ergänzen Sie die Endung.

	Singular	Plural	*a, o, u, au* werden oft *ä, ö, ü, äu*
-(e)n	Jacke	Jacken	
-nen	Lehrerin	Lehrerinnen	
-er	Kind	Kind........	Land – Länder Haus – Häuser
-e	Tisch	Tische	Stadt – Städte Stuhl – Stühle
-	Lehrer	Lehrer	Vater – Väter Vogel – Vögel
-se	Zeugnis	Zeugnisse	
-s	Baby	Babys	

Nur Singular			Nur Plural
abstrakt	Material	Gruppe	
Glück, Durst, Liebe, Hunger, Alter	Wasser, Eis, Milch, Gold, Butter	Gemüse, Geschirr, Obst, Musik, Fleisch	Möbel, Leute, Ferien, Eltern

C Singular und Plural. Lesen Sie.

- Singular = 1 Person oder 1 Ding.
- Plural = 2, 3, ... Personen oder 2, 3, ... Dinge.
- Der definite Artikel im Plural ist immer *die*.

ÜBEN

1 Welche Nomen sind im Plural gleich? Benutzen Sie Ihr Wörterbuch und kreuzen Sie an.

○ Schüler ○ Brötchen ○ Pause ○ Zimmer ○ Bett
○ Messer ○ Gabel ○ Poster ○ Problem ○ Lehrer

2 Ergänzen Sie die Endungen und die Umlaute.

Einkaufsliste
4 Bananen 3 Birne......
2 Flasch...... Limonade 2 Apfel......
6 Wurst...... vom Metzger 2 Glas...... Marmelade

3 *au* oder *äu*? Ergänzen Sie.

1 ● Baum ● Bäume
2 ● Pause ● P......sen
3 ● Haus ● H......ser
4 ● Frau ● Fr......en
5 ● Bauch ● B......che
6 ● Raum ● R......me
7 ● Maus ● M......se
8 ● Auge ● ......gen
9 ● Traum ● Tr......me

4 *o* oder *ö*? Ergänzen Sie.

1 ● Topf ● Töpfe
2 ● Bahnhof ● Bahnh......fe
3 ● Dose ● D......sen
4 ● Dorf ● D......rfer
5 ● Sohn ● S......hne
6 ● Einwohner ● Einw......hner
7 ● Kopf ● K......pfe
8 ● Tonne ● T......nnen
9 ● Schloss ● Schl......sser

5 *a* oder *ä*. Ergänzen Sie.

1 ● Hand ● Hände 2 ● Mann ● M......nner 3 ● Tasche ● T......schen 4 ● Vater ● V......ter

6 Bilden Sie die feminine Form der Berufe im Plural.

Früher gab es weniger Berufe für Frauen. Sie arbeiteten zum Beispiel als (1) Lehrerinnen (Lehrer). Heute arbeiten Frauen in fast allen Berufen. Sie sind (2) .... (Polizist), (3) .... (Techniker), (4) .... (Mechaniker), (5) .... (Journalist) und (6) .... (Handwerker). Und das ist gut so!

7 Welche Wörter haben <u>keinen</u> Plural? Kreuzen Sie an.

1 ○ ● Liebe
2 ○ ● Land
3 ○ ● Hunger
4 ○ ● Wasser
5 ○ ● Saft
6 ○ ● Butter
7 ○ ● Gemüse
8 ○ ● Obst
9 ○ ● Banane
10 ○ ● Musik

8 Welche Wörter haben einen Singular? Schreiben Sie.

1 ● Möbel /
2 ● Tische der Tisch
3 ● Ferien ......
4 ● Tomaten ......
5 ● Leute ......
6 ● Studenten ......
7 ● Eltern ......
8 ● Mütter ......
9 ● Vögel ......

9 Beschreiben Sie Ihren Körper. Benutzen Sie dabei Singular und Plural.

Ich habe eine Nase, aber zwei Augen.

......

16 Nimmst du den Bus?

Akkusativ / Dativ

ENTDECKEN

A Lesen Sie die Nachrichten und unterstreichen Sie die Artikel.

Nimmst du den Bus? 17:50

Nein, ich komme mit dem Zug. 17:55

Gut, bis später. 17:56

Bis später. 17:57

B Lesen Sie A noch einmal und ergänzen Sie.

	Akkusativ				Dativ			
	definiter Artikel		indefiniter Artikel		definiter Artikel		indefiniter Artikel	
● maskulin	....	Bus	einen	Bus	....	Zug	einem	Zug
● neutral	das	Taxi	ein	Taxi	dem	Taxi	einem	Taxi
● feminin	die	U-Bahn	eine	U-Bahn	der	U-Bahn	einer	U-Bahn
● Plural	die	Fahrräder	---	Fahrräder	den	Fahrrädern	---	Fahrrädern

	2 Verb	Wen? / Was? Akkusativ	Wem? / Was? Dativ
Ich Wir	nehme fahren mit	den Bus.	 dem Taxi.

C Akkusativ und Dativ. Lesen Sie.

- Im Akkusativ ändern sich nur die maskulinen Artikel: *der → den, ein → einen*.
- Im Dativ sind die maskulinen und neutralen Artikel gleich: *der → dem, das → dem*.
- Im Singular sind die Endungen von *mein-, dein-, ..., kein-* wie bei *ein-*.

ÜBEN

1 Schreiben Sie mit den Wörtern je einen Satz im Akkusativ und im Dativ. Unterstreichen Sie die Artikel.

● Taxi ● ~~Bus~~ ● U-Bahn ● Taxis

	Akkusativ	Dativ
●	Ich nehme immer den Bus.	Ich fahre immer mit dem Bus.
●		
●		
●		

2 **Akkusativ oder Dativ? Unterstreichen Sie die richtige Form.**

1 Wie kommst du ins Büro, Sarah? – Ich nehme *der / die* S-Bahn und *den / dem* Bus.
2 Und du, Maria? – Ich fahre mit *den / dem* Fahrrad.
3 Daniel, wie kommst du denn zur Arbeit? – Ich nehme manchmal *das / dem* Auto. Oder ich fahre mit *den / dem* Zug.
4 Und du, Johann? – Ich fahre mit *die / der* U-Bahn. Dann nehme ich *die / der* Straßenbahn.

3 **Akkusativ oder Dativ? Was folgt nach diesen Verben? Sortieren Sie.**

~~gefallen~~ mögen finden brauchen helfen gehören haben sprechen mit nehmen fahren mit danken essen schmecken

→ Akkusativ	
→ Dativ	*gefallen*

4 **Stehen die kursiven Wörter im Akkusativ oder Dativ? Ordnen Sie zu.**

	Akkusativ	Dativ
1 Das Tablet hier gehört *einer Freundin*.		*einer Freundin*
2 Ich finde *meinen Laptop* wieder nicht.		
3 Wir helfen natürlich *unserem Kollegen*.		
4 Hast du *keinen Schreibtisch*?		
5 Wir haben *Probleme*.		
6 Ich spreche mal mit *dem Chef*.		

5 **Akkusativ oder Dativ? Ergänzen Sie.**

meiner ~~meiner~~ meinem deinem deinem sein meinen

1 Und wie finden Sie das Haus? – Also, es gefällt *meiner* Frau. Aber mir nicht.
2 Wie gefällt dir Manuels neue Wohnung? – Nicht schlecht. Aber ich fand .... Haus besser.
3 Gefällt .... Freund dein neuer Wagen? – Nein, er mag .... Wagen nicht.
4 Ich finde das Wohnzimmer cool. – Ja, ich auch. Aber die Möbel gefallen .... Mann nicht.
5 Du hast Probleme mit der Kollegin. Dann solltest du mal mit .... Chef sprechen. – Sicher, aber ich spreche erst einmal mit .... Kollegin.

6 **Verkehrsmittel. Schreiben Sie kurze Dialoge und beginnen Sie abwechselnd mit *Ich nehme* … und mit *Ich fahre mit* …**

Ich nehme das Flugzeug. – Ich nicht.

17 Sie haben während des Films geschlafen.

Genitiv

ENTDECKEN

A Lesen Sie und markieren Sie die Artikel der unterstrichenen Satzteile.

Meine Freunde, Amanda und Daniel, waren im Kino. Sie haben während des Films geschlafen. Die Namen der Schauspieler haben sie natürlich vergessen.

B Lesen Sie A noch einmal und ergänzen Sie.

Genitiv				
● maskulin	während	....	der Name	des Fußballspielers
	während	des ! Kurses	das Ende	des ! Satzes
● neutral	während	des Konzerts	der Name	des Mädchens
	während	des ! Festes	die Farbe	des ! Hauses
● feminin	während	der Show	der Name	der Frau
● Plural	während	der Konzerte	die Namen	....

Genitiv bei Namen:

-s		s’ z’ x’	
Emmas Schwester	Pauls Eltern	Thomas’ Frau	Iris’ Großmutter
Christans Kinder	Lauras Vater	Franz’ Vater	Max’ Baby

C Genitiv. Lesen Sie.

- Der Genitiv zeigt Besitz und Zugehörigkeit. Er steht auch nach der Präposition *während*.
- Maskuline und neutrale Nomen bekommen am Ende ein *s*: *des Films, des Konzerts*.
- Maskuline und neutrale Nomen auf *s, ss, z, tz, st, ...* bekommen am Ende ein *es*: *des Hauses*.
- Den Genitiv benutzt man auch mit Namen. Der Name bekommt am Ende ein *s*. Bei Namen auf *s, z* oder *x* steht ein Apostroph.

ÜBEN

1 Was ist richtig? Unterstreichen Sie und markieren Sie das Genitiv-*s*.

während ...

● der / des Urlaubs ● der / des Theaterstücks ● der / des Arbeit ● der / des Ferien

2 *s*, *es* oder kein *s*? Ergänzen Sie.

1 während der Ausstellung /
2 während des Deutschkurs......
3 während des Interview......
4 während des Flug......
5 während der Prüfung......
6 während des Workshop......

3 **Was macht Eva? Ergänzen Sie die Sätze.**

1 Eva trinkt *während des Trainings* (● Training) nicht genug. – Das sollte sie aber.
2 Sie ist .... (● Prüfung) eingeschlafen. – Das kann ich nicht glauben!
3 Sie hat .... (● Ferien) mit dem Chef telefoniert. – Wie bitte?
4 Sie hat .... (● Theaterstück) gelesen. – Das darf doch nicht wahr sein!
5 Sie hat .... (● Termin) immer wieder auf die Uhr gesehen. – Ach, wirklich?

4 **Ergänzen Sie *des* oder *der* und das Genitiv-*s*, wenn nötig.**

Kennen Sie ...
1 den Namen *des* ● Schauspieler*s*?
2 das Geburtsdatum .... ● Mädchen....?
3 den Wohnort .... ● Kollegin....?
4 die Telefonnummern .... ● Mitarbeiter....?

5 **Kolleginnen im Büro. Ergänzen Sie die Nomen im Genitiv.**

◆ Selma, wer hat denn da angerufen? War das der neue Chef (1) *der Werkstatt* (● Werkstatt)?
○ Keine Ahnung. Nein, das war ein Ingenieur, ein Kunde vielleicht.
◆ Erinnerst du dich noch an den Namen (2) .... (● Ingenieur)?
○ Nein, den Namen habe ich vergessen.
◆ Und hast du seine Telefonnummer oder die Nummer (3) .... (● Firma) notiert?
○ Nein, tut mir leid.
◆ Du musst bitte immer Name und Telefonnummer (4) .... (● Leute) notieren.
○ Ja, es tut mir leid. Aber an den Namen (5) .... (● Stadt) erinnere ich mich.
◆ Ja, und welche Stadt ist es?
○ Hamburg! Die Stadt war Hamburg. Ja, und er wollte sich über unsere neuen Produkte informieren. Die Qualität (6) .... (● Material) interessierte ihn.
◆ Naja, er ruft sicher noch einmal an.

6 **-*s* oder -’? Ergänzen Sie.**

1 Wen hast du gesehen? – Ich habe Gerd*s* Mutter gesehen.
2 Ist das Elias.... Freundin? – Ich glaube, ja.
3 Wohnen Carla.... Großeltern nicht auch in Köln? – Nein, sie wohnen in München.
4 Wer ist das? – Ich glaube, dass das Agnes.... Mann ist.
5 Ist Max.... Schwester auch hier? – Nein, ich glaube sie ist zu Hause.

7 **Schreiben Sie drei Sätze mit *während*.**

Ich esse während der Arbeit.

....

18 Ich schenke Nina das Fahrrad.

Verben mit zwei Objekten 1

ENTDECKEN

A **Weihnachten. Wem schenken Sie was? Lesen Sie und verbinden Sie.**

Ich schenke Peer Decker die Uhr, Nina das Fahrrad und Oma Betty den Laptop.

1

2

3

A

B

C

B **Lesen Sie.**

	Dativ Wem? → Person	Akkusativ Was? → Ding
Ich schenke	Peer Decker meinem Freund ihm	den Laptop.
Ich kaufe	Nina meiner Freundin ihr	die Uhr.
Kaufst du	Rosa und Nina meinen Freundinnen ihnen	das Fahrrad?

C **Verben mit zwei Objekten. Lesen Sie.**

- Die Verben *schenken, kaufen, geben, bringen, zeigen, empfehlen, erklären, schicken, …* können zwei Objekte haben: *Ich schenke dem Kind (1) einen Apfel (2).*
- Die Person (1) steht im Dativ, das Ding (2) steht im Akkusativ.
- Person (1) steht vor Ding (2) = Dativ steht vor Akkusativ.

ÜBEN

1 **Welche Verben könnten zwei Objekte haben? Kreuzen Sie an.**

essen …	schenken X	trinken …	geben …	lesen …	bringen …
zeigen …	finden …	empfehlen …	besuchen …	erklären …	schicken …

2 **Ergänzen Sie das Objekt im Akkusativ.**

1 Ich bringe Peter *den Kaffee* (● Kaffee).
2 Wir zeigen unseren Freunden ______ (● Stadt).
3 Der Trainer erklärt meinem Freund ______ (● Übung).
4 Sie hat Paula ______ (● Päckchen) geschickt.
5 Sie empfiehlt den Kunden ______ (● Tee) aus England.

3 **Was passiert bei TechMarkt? Schreiben Sie vier Sätze. Es gibt mehrere Möglichkeiten.**

Wer?	2	Wem?	Was?
Tobias Hanna Tim Clemens	bringen zeigen empfehlen erklären	● Kundin ● Mann ● Mädchen ● Frau	● Computerspiel ● Drucker ● Laptop ● Maus

Tobias zeigt der Kundin den Laptop.

______

______

4 **Possessivartikel im Dativ. Maskulin oder feminin? Ordnen Sie zu.**

~~Mutter~~ Bruder Schwester Vater Onkel Tante Freundin Großvater Mann Großmutter

meinem	
meiner	*Mutter*

5 **Ergänzen Sie *mein-* im Dativ.**

1 Ich gebe *meinem* Mann einen Kaffee.
2 Ich zeige ______ Mutter eine E-Mail.
3 Ich empfehle ______ Bruder ein Restaurant.
4 Ich bringe ______ Freundin einen Tee.

6 **Ergänzen Sie *ihr* oder *ihm*.**

1 Eva hat Geburtstag. Ich schenke *ihr* ein Parfüm.
2 Der Chef braucht die Information. Ich schicke ______ sofort eine E-Mail.
3 Anna möchte feiern. Wir empfehlen ______ den Club in Kreuzberg.
4 Tim kommt heute. Ich zeige ______ die Stadt.

7 **Geburtstage! Was schenken Sie wem? Schreiben Sie drei Sätze.**

Ich schenke meiner Mutter ein Buch.

______

19 Ich schenke es ihr.

Verben mit zwei Objekten 2

ENTDECKEN

A Ordnen Sie die Fotos den Sätzen zu.

1 .... *Super Laptop! Peer hat Geburtstag. Ich schenke ihn ihm.*

2 .... *Cooles Fahrrad! Nina ist total sportlich. Ich schenke es ihr.*

A

→

B

→

B Lesen Sie.

	Akkusativ Was? → Ding Pronomen	Dativ Wem? → Person	Akkusativ Was? → Ding Nomen
Ich schenke Ich schenke	 ihn	Peer ihm.	den Laptop.
Ich schenke Ich schenke	 es	Nina ihr.	das Fahrrad.

C Verben mit zwei Objekten. Lesen Sie.

- Verben können zwei Objekte (Person + Ding) haben: *Ich gebe Peer den Laptop.*
- Man kann die Person durch ein Pronomen ersetzen: *Ich gebe ihm den Laptop.*
- Man kann das Ding durch ein Pronomen ersetzen: *Ich gebe ihn Peer.*
- Man kann beide Objekte durch Pronomen ersetzen: *Ich gebe ihn ihm.*

ÜBEN

1 Unterstreichen Sie den Dativ und den Akkusativ.

◆ Erzählst du mir die Geschichte?
○ Schon wieder!
◆ Ach, komm. Erzähl sie mir bitte!

▼ Bringst du mir den Saft?
■ Warum ich?
▼ Ach, Papa! Bring ihn mir doch bitte!

2 Ergänzen Sie die Pronomen im Akkusativ.

1 Du musst deiner Mutter noch den Weg erklären. – Ich habe *ihn* ihr schon erklärt.
2 Du wolltest Clara doch das T-Shirt schenken. – Ich habe .... ihr schon geschenkt.
3 Wolltest du nicht dem Chef die E-Mail schicken? – Ich habe .... ihm doch schon geschickt.

3 Schreiben Sie die Sätze nur mit Pronomen.

1 Lisa zeigt dem Mann den Weg. → *Lisa zeigt ihn ihm.*	dem Mann = *ihm*	den Weg = *ihn*
2 Die Lehrerin erklärt Simon die Übung. →	Simon = ...	die Übung = ...
3 Wir empfehlen Clara das Café. →	Clara = ...	das Café = ...
4 Tom zeigt der Kundin den Drucker. →	der Kundin = ...	den Drucker = ...

4 Geschenke. Schreiben Sie die Sätze in die Tabelle.

1 schenke / Ich / ein Fahrrad. / meinem Vater
2 schenken / Wir / ein Parfüm. / unserer Mutter
3 meinem Bruder / Ich / einen Laptop. / gebe
4 Ich / meiner Schwester / empfehle / ein Buch.

			Wem?	Was?
1	*Ich*	*schenke*	*meinem Vater*	*ein Fahrrad.*
2	....	....	....	....
3	....	....	....	....
4	....	....	....	....

5 Schreiben Sie die Sätze in 4 mit Pronomen.

			Was?	Wem?
1	*Ich*	*schenke*	*es*	*ihm.*
2	....	....	....	....
3	....	....	....	....
4	....	....	....	....

6 Empfehlungen. Was empfehlen Sie wem? Schreiben Sie.

1 Freund → der Film *Ja, ich empfehle ihn ihm!*
2 .... → ....
3 .... → ....

20 Das sind ihre Kinder.

Possessivartikel

ENTDECKEN

A **Lesen und unterstreichen Sie *ihr-*.**

Das sind die Eckners, ihre Kinder, ihre Katze und ihr Hund.

B **Lesen Sie A noch einmal und ergänzen Sie.**

ich	mein
du	dein
er / es / sie	sein / sein / ihr
wir	unser
ihr	euer
sie / Sie	.... / Ihr

	Nominativ	Akkusativ	Dativ
● maskulin	mein ihr	meinen ihren	meinem ihrem
● neutral	mein ihr	mein ihr	meinem ihrem
● feminin	meine ihr	meine ihre	meiner ihrer
● Plural	meine ihr	meine ihre	meinen ihren

C **Possessivartikel. Lesen Sie.**

- *mein-*, *dein-*, ... zeigen Besitz und Zugehörigkeit: *ihre Katze = Die Katze gehört ihnen.*
- Die Endungen sind im Singular wie bei *ein-*.

ÜBEN

1 **Ergänzen Sie *mein-* und *ihr-* im Akkusativ.**

	●	●	●	●
Ich liebe	*meinen* Garten.	.... Haus.	.... Stadt.	.... Kinder.
Die Eckners lieben	....	....	....	....

2 **Ergänzen Sie *mein-* und *ihr-* im Dativ.**

	●	●	●	●
Das bin ich mit	*meinem* Sohn.	.... Baby.	.... Tochter.	.... Kindern.
Das sind die Eckners mit	....	....	....	....

3 **Ergänzen Sie *ihr-* im Akkusativ.**

Wen oder was lieben Ben und Lisa? Sie lieben ...

1 *ihr* Baby. **2** .... Job. **3** .... Eltern. **4** .... Garten. **5** .... Wohnung.

4 **Ergänzen Sie *ihr-* im Dativ.**

Mit wem sprechen Ben und Lisa? Sie sprechen mit ...

1 *ihrem* Nachbarn.
2 .... Freunden.
3 .... Ärztin.
4 .... Chef.
5 .... Deutschlehrer.

5 **Ergänzen Sie *ihr-*.**

1 Nominativ: Das sind Lisa und Tim. Und das sind *ihr* Hund, ... Katze und .... Pony.
2 Dativ: Das sind Anna und Paul mit .... Baby.
3 Dativ: Herr und Frau Decker stehen vor .... Haus.
4 Akkusativ: Karl und Emma gehen in .... Garten.
5 Nominativ: Das sind Herr und Frau Müller. Und das sind .... Kinder, ... Sohn Peter und .... Tochter Susan.

6 **Wer ist das? Lisa oder die Kinder? Ordnen Sie zu.**

Lisa — a
die Kinder

a Im Hotel braucht sie <u>ihre</u> Kreditkarte.
b Sie nehmen <u>ihre</u> Fahrräder.
c Wo wohnt sie denn? Können Sie mir <u>ihre</u> Adresse geben?
d Sie brauchen <u>ihre</u> Jacken, wenn sie im Garten spielen. Es ist kalt.
e Wo sind denn <u>ihre</u> Hunde? Sie wollen mit ihnen spazieren gehen.

7 **Was ist richtig? Unterstreichen Sie.**

1 Herr und Frau Frank lieben <u>*ihre*</u> / *seine* Kinder sehr.
2 Sie kommt mit *ihrem* / *Ihrem* Freund.
3 Lisa sucht *seinen* / *ihren* Pass.
4 Daniel liebt *seine* / *ihre* Frau.
5 Sie besuchen oft *ihren* / *ihre* Eltern.

8 **Schreiben Sie drei Sätze über Ihre Eltern, Freunde und Kollegen. Wen oder was lieben sie?**

Meine Freunde lieben ihre Kinder.

....

....

21 Bitte unterschreiben Sie dieses Formular.

Demonstrativartikel

ENTDECKEN

A **Lesen Sie und unterstreichen Sie *dies-*.**

Bitte unterschreiben Sie dieses Formular.

B **Lesen Sie A noch einmal und ergänzen Sie.**

	Nominativ		Akkusativ		Dativ	
● maskulin	dieser Mann	*der*	diesen Mann	*den*	diesem Mann	*dem*
● neutral	dieses Formular	*das*	.... Formular	*das*	diesem Formular	*dem*
● feminin	diese Frau	*die*	diese Frau	*die*	dieser Frau	*der*
● Plural	diese Männer	*die*	diese Männer	*die*	diesen Männern	*den*

C **Demonstrativartikel *dies-*. Lesen Sie.**

- *dies-* steht vor dem Nomen und betont es. Man benutzt *dies-* auch, wenn man auf etwas zeigt.
- Die Endungen sind wie beim definiten Artikel.

ÜBEN

1 **Lesen und unterstreichen Sie die Endungen von *dies-* und ergänzen Sie die Tabelle.**

1 Ich möchte den A2-Kurs machen. – Eine Anmeldung für diesen Kurs ist leider nicht mehr möglich.
2 Wo ist denn der Link? – Da musst du dieses Wort anklicken.
3 Wann kommt dieser Zug in Hamburg an? – Um 20:30 Uhr.
4 Wo bekomme ich das? – Dieses Medikament ist nur in der Apotheke erhältlich.
5 Du, das Navi sagt doch „geradeaus". – Ich nehme aber lieber diese Straße hier.
6 Kommt er denn noch? – Nein, bei diesem Wetter kommt er nicht.

	Nominativ	Akkusativ	Dativ
●	.... Zug	*diesen* Kurs	diesem Zug
●	.... Medikament	.... Wort	.... Wetter
●	diese U-Bahn	.... Straße	dieser S-Bahn

2 Tom beschreibt seine Familie. Schreiben Sie Sätze zu den Fotos.

● Mann → ● Vater
Dieser Mann hier ist mein Vater.

● Junge → ● Sohn
....
....

● Frau → ● Mutter
....
....

● Mädchen → ● Tochter
....
....

3 Wie schrecklich! Ergänzen Sie *dies-* im Nominativ.

1 *Diese* ● Pizza schmeckt gar nicht!
2 .... ● Chefin ist schrecklich!
3 .... ● Kinder sind zu laut!
4 .... ● Hotel ist viel zu teuer!
5 .... ● Bus ist so langsam!
6 .... ● Aufgabe ist zu schwer!

4 *diesem* oder *dieser*? Was ist richtig? Unterstreichen Sie.

1 Kommst du mit? – Nein, bei *diesem* / *dieser* ● Regen gehe ich nicht raus.
2 Mit *diesem* / *dieser* ● Ticket können Sie bis Düsseldorf fahren. – Super, danke!
3 Gibt es einen Aufzug? – Nein, in *diesem* / *dieser* ● Haus gibt es keinen Aufzug.
4 Wann ist die Prüfung? – Ich glaube, noch in *diesem* / *dieser* ● Woche.
5 Das Leben in *diesem* / *dieser* ● Stadt ist wirklich teuer. – Ja, das stimmt!
6 Wo sind denn die Texte? – Die Texte finden Sie in *diesem* / *dieser* ● Datei.
7 Kann ich bitte Zimmer 21 haben? – Ja, gerne. Von *diesem* / *dieser* ● Zimmer hat man einen tollen Blick auf den Park.

5 Manche Dinge mögen wir lieber. Ergänzen Sie *dies-* im Akkusativ.

1 Ich mag lieber *diesen* ● Wein.
2 Wir essen lieber .... ● Käse.
3 Er möchte lieber .... ● Auto.
4 Sie nimmt lieber .... ● Smartphone.
5 Ich trinke lieber .... ● Bier.
6 Ich nehme lieber .... ● Wohnung.
7 Isst du .... ● Pizza lieber?
8 Sie sehen .... ● Film am liebsten.

6 Im Restaurant. Sie sind nicht zufrieden. Beschweren Sie sich und benutzen Sie *dies-*.

Dieser Wein schmeckt nicht!

22 Ich schreibe ihm.

Personalpronomen im Akkusativ und Dativ

ENTDECKEN

A Lesen Sie und unterstreichen Sie die maskulinen Personalpronomen.

B Lesen Sie A noch einmal und ergänzen Sie.

Nominativ	Akkusativ	Dativ
ich	mich	mir
du	dich	dir
...... / es / sie	...... / es / sie	...... / ihm / ihr
wir	uns	uns
ihr	euch	euch
sie / Sie	sie / Sie	ihnen / Ihnen

Das ist Ben. Er ist mein Freund.
Ich treffe ihn.
Ich schreibe ihm.

Ben → er / ihn / ihm

C Personalpronomen im Akkusativ und Dativ. Lesen Sie.

- Personalpronomen im Akkusativ stehen nach den Verben *lieben, mögen, nehmen, finden, sehen, kennen, einladen, ...*
- Personalpronomen im Dativ stehen nach den Verben *gefallen, helfen, gehören, danken, ...*

ÜBEN

1 Ergänzen Sie die Personalpronomen im Akkusativ und im Dativ.

	1 sie (Eva)	2 ich	3 ihr	4 wir	5 er	6 sie (Eva + Tim)	7 Sie (Frau Schmidt)
Für wen ist das?	für *sie*	für	für	für	für	für	für
Wem gefällt das?	*ihr*						

2 Antworten Sie. Benutzen Sie die Personalpronomen im Dativ.

~~mir~~ ihm uns ihnen

1 Wie geht es dir? *Es geht mir gut.*

2 Wie geht es Carla und Ben? ....

3 Wie geht es euch? ....

4 Wie geht es Ihrem Onkel? ....

3 Personalpronomen im Dativ. Was ist richtig? Unterstreichen Sie.

1 Das Haus gehört der Nachbarin. Der Garten gehört *ihm* / *ihr* auch.
2 Mehmet wohnt schon lange in Paris. Die Stadt gefällt *ihm* / *ihr*.
3 Der Deutschlehrer gibt den Schülern Hausaufgaben. Er gibt *euch* / *ihnen* auch einen Test.
4 Uns gefällt das Hotel nicht. Und was meint ihr? Gefällt es *euch* / *ihnen*?
5 Soll ich dich anrufen? Oder soll ich *mir* / *dir* lieber schreiben?

4 Lesen Sie den Blog und ergänzen Sie die Personalpronomen im Akkusativ.

www.meinleben.com

Wir wohnen in Hamburg. Meine Freundin heißt Steffie. Ich liebe (1) sie (Steffie) und möchte (2) .... (Steffie) bald heiraten. Steffies Eltern wohnen in Berlin, aber ich kenne (3) .... (die Eltern) noch nicht. Sie haben (4) .... (Steffie und mich) eingeladen. Vielleicht fahren wir nächstes Wochenende hin und besuchen (5) .... (die Eltern). In fünf Monaten bekommen wir ein Baby. Es ist ein Mädchen und wir lieben (6) .... (das Baby) jetzt schon sehr.
Steffies Bruder, Carl, wohnt auch hier in Hamburg. Ich kenne (7) .... (der Bruder) gut und er hilft mir manchmal in meiner Firma. Unsere Freunde, Carl und seine Frau Sophie, machen morgen eine Party. Wir mögen (8) .... (Carl und Sophie) sehr und freuen uns schon.

5 Auf einer Party. Akkusativ oder Dativ? Ergänzen Sie.

~~euch~~ sie sie dir dich ihm ihm dir Ihnen mir ihn uns

1 Gefällt es euch hier? – Ja, es gefällt .... gut.
2 Und wie gefällt .... die Party, Frau Decker? – Sie gefällt .... sehr.
3 Magst du Lisa eigentlich? – Ja, ich finde .... richtig nett.
4 Hast du Jakob schon gesehen? – Nein, ist er hier? Ich habe .... schon lange nicht mehr gesehen.
5 Wow! Die Jacke steht .... wirklich gut. – Danke. Hast du auch meine neue Jeans gesehen?
6 Sieh mal, da ist Peter. – Ja, aber es geht .... nicht gut. Vielleicht tut .... etwas weh.
7 Hast du Daniela und Harry gesehen? – Nein, ich finde .... nicht.
8 Schön, dass du hier bist. Ich habe .... lange nicht gesehen. Du siehst gut aus. – Ich danke ....

6 Machen Sie zwei Komplimente mit *gefallen* und *schmecken*.

Deine Jeans gefällt mir. Dein Kuchen schmeckt mir.

....

23 Ist jemand zu Hause?

Indefinitpronomen 1

ENTDECKEN

A **Lesen Sie.**

B **Lesen Sie A noch einmal und ergänzen Sie.**

niemand	Da ist niemand.
jemand	Ist .... zu Hause?
alle	.... sind weg.

C **Indefinitpronomen *niemand, jemand, alle*. Lesen Sie.**

- *niemand* und *jemand* stehen für Personen. *alle* steht für Personen und Dinge.
- *niemand* = kein Mensch. Das Verb steht in der 3. Person Singular: *Niemand kommt*.
- *jemand* = eine unbekannte Person. Das Verb steht in der 3. Person Singular: *Jemand singt*.
- *alle* = die ganze Gruppe, jeder: Das Verb steht in der 3. Person Plural: *Alle kommen*.

ÜBEN

1 **Ergänzen Sie die Verben in der richtigen Form.**

1	(kommen)	Niemand *kommt*.	Jemand *kommt*.	Alle *kommen*.
2	(haben)	Niemand .... Zeit.	Jemand .... Zeit.	Alle .... Zeit.
3	(sein)	Niemand .... hier.	Jemand .... hier.	Alle .... hier.
4	(sprechen)	Niemand .... Englisch.	Jemand .... Englisch.	Alle .... Englisch.

2 **Antworten Sie mit *niemand*.**

1 Kommen heute deine Freunde? – Nein, heute *kommt niemand.*
2 Sind viele Leute auf der Party? – Nein, auf der Party ....
3 Spricht jemand Spanisch? – Nein, Spanisch ....

3 **Im Deutschkurs. *niemand* oder *alle*? Ergänzen Sie.**

1 Die Übung ist so schwer! – Ja, die kann sicher niemand.
2 Haben ______ ein Buch? – Ja, sicher!
3 Es ist schon spät. Da kommt sicher ______ mehr. – Oh, glaubst du?
4 Wir sollen viel sprechen. – Ja, aber ______ sagt etwas.
5 Hier im Kurs können ______ auch Englisch. – Das ist gut.
6 Sind ______ mit der Übung fertig? – Nein, noch nicht.

4 **Lesen Sie die Dialoge und ordnen Sie zu. Unterstreichen Sie *jemand*.**

1 Wo ist denn die Tasche? Hat sie jemand gefunden? — c
2 Hat jemand mein Handy gesehen?
3 Ich komme morgen. Ist denn jemand zu Hause?
4 Hat jemand angerufen?

a Ja, da liegt es doch.
b Ja, klar. Ich bin da.
c Nein, sie ist weg.
d Ja, deine Mutter.

5 **Schreiben Sie Fragen mit *jemand*.**

1 ● Kamera / sehen — Hat jemand meine Kamera gesehen?
2 ● Deutschbuch / finden — ______
3 ● Kugelschreiber / nehmen — ______
4 ● Schlüssel / sehen — ______

6 ***niemand*, *jemand* oder *alle*? Setzen Sie ein.**

1 Kann mir bitte jemand helfen? – Ja, gleich.
2 Wir sind heute ______ da. – Ja, das ist super!
3 Wo ist meine Jacke? Hat ______ meine Jacke gesehen? – Da hängt sie doch.
4 Ich war allein im Club. – Warum ist denn ______ mitgekommen?
5 Da waren viele Menschen. Und ______ mussten warten. – Ja, das war wirklich blöd.
6 Ich habe kein Auto. Kann mich ______ mitnehmen? – Ja, sicher. Wohin musst du denn?
7 Das Café war komplett leer. Da war ______. – Ja, das ist montags oft so.
8 Wie war das Fest? – Schön, aber leider waren nicht ______ da.

7 **Sie brauchen Hilfe. Schreiben Sie drei Fragen mit Indefinitpronomen.**

Kann mir hier jemand den Weg zur U-Bahn zeigen?

______

______

24 Hier sind noch welche.

Indefinitpronomen 2

ENTDECKEN

A Lesen Sie und ergänzen Sie *einen* und *welche*.

B Lesen Sie A noch einmal und ergänzen Sie.

	Nominativ		
● maskulin	Hier ist noch	einer.	→ *der Apfel*
● neutral		eins.	→ *das Brötchen*
● feminin		eine.	→ *die Banane*
● Plural	Hier sind doch	………………….	→ *die Nudeln*

	Akkusativ		
● maskulin	Ich habe	………………….	→ *den Apfel*
● neutral		eins.	→ *das Brötchen*
● feminin		eine.	→ *die Banane*
● Plural	Sie hat noch	welche.	→ *die Nudeln*

C Indefinitpronomen *ein-*, *welche*. Lesen Sie.

- *ein-* = unbestimmtes Ding / unbestimmte Person.
- *ein-* steht für ein Nomen im Singular: *Hier ist doch ein Apfel.* → *Hier ist doch einer.*
- *welche* steht für ein Nomen im Plural: *Hier sind Nudeln.* → *Hier sind welche.*

ÜBEN

1 Nominativ. Ordnen Sie zu.

1 Ein ● Apfel?	a Ja, wir haben noch eine.
2 Ein ● Brot?	b Ja, hier sind doch welche.
3 Eine ● Zitrone?	c Ja, da ist noch einer.
4 Und ● Bananen?	d Ja, hier ist doch eins.

2 In der Küche. Ergänzen Sie *ein-* oder *welche* im Nominativ.

1 Haben wir noch ein Messer? – Ja, hier ist doch *eins*.
2 Haben wir noch Eier? – Ja, hier sind ....
3 Ist da noch eine Tüte? – Ja, hier ist noch ....
4 Brauchen wir denn Tomaten? – Nein, hier sind ....
5 Sind noch Äpfel im Kühlschrank? – Ja, aber da ist nur noch ....
6 Gibt es noch Brötchen? – Ja, aber hier ist nur noch ....

3 Ich auch ...! Ergänzen Sie *ein-* und *welche* im Akkusativ.

Ich habe ...

1 ● ein Haus in Frankreich.	Ach ja! In Frankreich habe ich auch *eins*.
2 ● Freunde in New York.	Wirklich? In New York habe ich auch ....
3 ● eine Wohnung in Monaco.	In Monaco habe ich natürlich auch ....
4 ● einen Freund in Prag.	Klar! In Prag habe ich auch ....

4 Lehrerin und Schüler im Deutschkurs. Ergänzen Sie.

einen | einen | einer | eins | ~~welche~~

Lehrerin: So, können wir bitte anfangen? Sind jetzt alle da?
Kerstin: Nein, es fehlen noch (1) *welche*.
Lehrerin: Ja, aber wir warten jetzt nicht mehr. Wir fangen jetzt mit Übung 1 an. Haben alle das Blatt mit den Übungen?
Kerstin: Nein, ich brauche noch (2) .... für Melissa.
Lehrerin: Okay, hier bitte. Und haben jetzt auch alle einen Stift?
Daniel: Nein, hätten Sie vielleicht noch (3) .... für mich?
Lehrerin: Hier, bitte. So, jetzt Übung 1. Ja, Daniel, was ist los?
Daniel: Ist vorne noch ein Platz frei? Ich höre hier hinten nichts.
Lehrerin: Ja, klar, hier ist noch (4) .... frei. So, und jetzt Übung 1. Ihr schreibt jetzt einen Satz mit ... Ja, Kerstin, bitte?
Kerstin: Kann ich nicht schon alle Sätze schreiben?
Lehrerin: Nein, schreibt bitte jetzt nur (5) ...., dann sehen wir uns die Lösung an und machen weiter.

5 Was haben Sie, und was haben auch Ihre Freunde? Schreiben Sie zwei Sätze.

Ich habe ein Fahrrad. Meine Freundin Britta hat auch eins.

....

....

25 Wem gehört das Auto?

Fragepronomen 1

ENTDECKEN

A **Ordnen Sie die Bilder den Dialogen zu.**

1 A Wem gehört das Auto? – Meinem Freund.
2 ...... Wen sucht sie? – Ihren Mann.
3 ...... Was sucht sie? – Ihren Schlüssel.

A

B

C

B **Lesen Sie A noch einmal und ergänzen Sie.**

Akkusativ (Person)	Wen sucht sie?	Sie sucht *ihren Mann*.
Akkusativ (Ding)	Was sucht die Frau?	Sie sucht *ihren Schlüssel*.
Dativ (Person)	...... gehört das Auto?	Es gehört *meinem Freund*.

C **Fragepronomen *Wen? Was? Wem?* Lesen Sie.**

- *Wen?* = Frage nach einer Person (Akkusativ). Typische Verben: *anrufen, sehen, suchen, ...*
- *Was?* = Frage nach einem Ding (Akkusativ). Typische Verben: *machen, nehmen, wollen, ...*
- *Wem?* = Frage nach einer Person (Dativ). Typische Verben: *gehören, danken, schreiben, schenken, geben, ...*

ÜBEN

1 **Unterstreichen Sie die Endungen der Fragewörter und Possessivartikel.**

1 Wen liebst du? – Meinen Freund.
2 Wem gehört die Uhr? – Meinem Freund.
3 Wen suchen Sie? – Meinen Chef.
4 Wem schreiben Sie? – Meinem Chef.

2 **Schreiben Sie Fragen.**

1 Ich nehme einen Wein. Und was nimmst du?
2 Ich rufe Mira an. ......
3 Ich danke meinen Eltern. ......
4 Ich esse eine Pizza. ......

3 Ordnen Sie zu.

1 Wen kennst du hier? — d
2 Wen möchten Sie auf die Party mitnehmen?
3 Wen hat der Chef gesucht?
4 Wen sehen Sie auf dem Foto?

a Meine Schwester, sie kommt gerne mit.
b Frau Schulz, aber sie ist leider nicht hier.
c Ich sehe meine Kollegen und die Chefin.
d Ich kenne nur Carla und ihre Freundin.

4 *Wen?* oder *Was?* Ergänzen Sie.

1 Entschuldigung, *was* suchen Sie? – Ich suche den *Schlüssel*.
2 Sagt mal, ... sucht ihr denn? – Wir suchen unseren *Sohn*. Er muss doch hier sein.
3 .... möchten Sie sprechen? – Ich möchte gerne *Frau Martin* sprechen.
4 Und .... möchtest du noch kaufen? – Einen *Tisch* für das Wohnzimmer.
5 Und .... bringst du mit? – Vielleicht eine *Flasche Wein*.
6 .... bringst du eigentlich mit? – *Emilia*, meine Freundin.

5 Steht die Person nach folgenden Verben im Akkusativ (A) oder Dativ (D)? Markieren Sie.

besuchen *A* gehören *D* brauchen .... schreiben .... schenken ....
geben .... heiraten .... erklären .... untersuchen .... helfen ....
verstehen .... suchen .... danken ....

6 Akkusativ oder Dativ? Unterstreichen Sie die richtige Form.

1 *Wen* / *Wem* besucht ihr heute? – Meine Eltern.
2 *Wen* / *Wem* gehört das Buch? – Meinem Freund.
3 *Wen* / *Wem* schreiben Sie eine E-Mail? – Dem Chef.
4 *Wen* / *Wem* brauchen wir noch im Team? – David, Emma und einen Programmierer.
5 *Wen* / *Wem* schenken Sie das Parfüm? – Meiner Mutter.
6 Und *wen* / *wem* geben Sie das Geld? – Meinem Freund.
7 *Wen* / *Wem* heiratet sie denn? – Einen sehr netten Mann aus unserem Deutschkurs.
8 *Wen* / *Wem* hat der Lehrer das erklärt? – Nur mir und Sandra.
9 *Wen* / *Wem* musst du am Wochenende helfen? – Meinem Opa.
10 *Wen* / *Wem* möchte der Arzt untersuchen? – Den Jungen hier vorne.
11 *Wen* / *Wem* verstehen Sie nicht? – Die Chefin. Sie spricht so schnell.

7 Wem gehört was in Ihrer Familie? Schreiben Sie drei Fragen und Antworten.

Wem gehört das neue Handy? – Es gehört meiner Tochter.

....

....

26 Welchen Sport magst du?

Fragepronomen 2

ENTDECKEN

A Lesen Sie und unterstreichen Sie *welch-*.

Teste deine Persönlichkeit!

Welche Farbe ist deine Lieblingsfarbe?	☐ blau	☐ rot	☐ schwarz
Welchen Sport magst du?	☐ Fußball	☐ Handball	☐ Basketball
Welche Musik ist deine Lieblingsmusik?	☐ Pop	☐ Hip-Hop	☐ Jazz
Welcher Film ist dein Lieblingsfilm?	☐ Titanic	☐ Pulp Fiction	☐ Star Wars
Welches Land magst du am liebsten?	☐ Spanien	☐ Italien	☐ Österreich

B Lesen Sie A noch einmal und ergänzen Sie.

	Nominativ		Akkusativ	
● maskulin	Welcher Sport?	*der*	.... Sport?	*den*
● neutral	Welches Land?	*das*	.... Land?	*das*
● feminin	.... Farbe?	*die*	Welche Farbe?	*die*
● Plural	Welche Filme?	*die*	Welche Filme?	*die*

C Fragepronomen *welch-?* Lesen Sie.

- *welch-* steht vor dem Nomen und wird wie ein Artikelwort benutzt.
- Man benutzt *welch-*, wenn man eine Person / ein Ding aus einer Gruppe wählen kann.

ÜBEN

1 Ergänzen Sie *welch-* im Nominativ.

1 *Welche* ● Band gefällt dir am besten? – Die Band aus England.
2 .... ● Film ist dein Lieblingsfilm? – *Titanic* mit Kate Winslet.
3 .... ● Stadt ist deine Lieblingsstadt? – Paris.
4 .... ● Datum ist heute? – Heute ist der 23. Januar.
5 .... ● Tag ist heute? – Heute ist Dienstag.

2 Fragen im Sprachkurs. Was ist richtig? Unterstreichen Sie.

1 *Welcher / Welches / Welche* Wort ist richtig? – Dieses Wort hier.
2 *Welcher / Welches / Welche* Wörter sind neu? – Nur die beiden hier.
3 *Welcher / Welches / Welche* Text gefällt dir denn am besten? – Dieser Text hier.
4 *Welcher / Welches / Welche* Satz ist falsch? – Ich glaube, dieser Satz hier.
5 *Welcher / Welches / Welche* Frage kommt jetzt? – Ich denke, Frage 5.
6 *Welcher / Welches / Welche* Endung ist falsch? – Diese Endung hier, glaube ich.

3 Fragen im Restaurant. Wählen Sie die richtige Form von *welch-* im Akkusativ.

1 Welchen — a
2 Welches
3 Welche

a ● Wein können Sie empfehlen? – Diesen Wein hier aus Frankreich.
b ● Vorspeisen haben Sie? – Salate, Suppen ...
c ● Dessert können Sie empfehlen? – Dieses hier von der Karte.
d ● Beilage empfehlen Sie? Pommes frites oder Gemüse? – Gemüse.

4 Akkusativ. Ergänzen Sie *e*, *en* oder *es*.

1 Welch*en* Film meinst du? – Den alten Film von Roman Polanski.
2 Welch...... Fernsehshow siehst du gerne? – „Wer wird Millionär".
3 Welch...... Sehenswürdigkeiten gibt es in Berlin? – Das Brandenburger Tor, die Museumsinsel ...
4 Welch...... Buch suchst du denn? – Das Arbeitsbuch für den Deutschkurs.
5 Welch...... Sprachen sprechen Sie? – Deutsch, Englisch und Spanisch.
6 Welch...... Kurs möchten Sie machen? – Den B1-Kurs ab September.
7 Welch...... Hausnummer haben Sie? – Die dreizehn.
8 Welch...... Fach magst du in der Schule am liebsten? – Deutsch.

5 Fragen zu den Verkehrsmitteln. Sortieren und schreiben Sie.

1 Verkehrsmittel / Welche / Sie / benutzen? *Welche Verkehrsmittel benutzen Sie?*
2 Bus / wir? / nehmen / Welchen ......
3 Welches / Auto / dir? / gehört ......
4 ist / Welche / schneller? / S-Bahn zum Flughafen ......
5 Busse / Welche / halten hier? ......

6 Lesen Sie die E-Mail und ergänzen Sie *welch-* in der richtigen Form.

Liebe Claudia,
ich habe gestern meine Schwester besucht. Du erinnerst dich, sie hat viel Geld, aber noch mehr Probleme. (1) *Welche* Probleme, fragst du dich jetzt bestimmt. Naja, sie hat sicher ganz andere als ich. Hier ein paar Beispiele:
(2) ...... Urlaub soll ich buchen? Karibik oder Südfrankreich?
(3) ...... Auto passt besser zu mir? Mercedes oder BMW?
(4) ...... Bluse nehme ich? Die von Dior oder Chanel?
Also, diese Probleme möchte ich haben!
Deine Nina

7 Was sind die Lieblingsdinge Ihrer Freunde? Schreiben Sie zwei Fragen.

Welche Pizza ist deine Lieblingspizza?

......

27 Woran denkst du?

Fragepronomen 3

ENTDECKEN

A Lesen Sie das Gedicht und unterstreichen Sie die Fragewörter.

Wovon?

Wovon träumst du nachts?
Wofür interessierst du dich noch?
Worauf freust du dich morgen?
Woran denkst du jetzt?

B Lesen Sie A noch einmal und ergänzen Sie.

Fragepronomen → Dinge: Wo + (r) + Präposition		
mit Dativ		
träumen <u>von</u>	→	.... träumst du nachts? – <u>Von</u> einem Garten.
mit Akkusativ		
sich interessieren <u>für</u>	→	.... interessierst du dich? – <u>Für</u> den Kurs.
sich freuen <u>auf</u>	→	.... freust du dich noch? – <u>Auf</u> den Job.
denken <u>an</u>	→	.... denkst du jetzt? – <u>An</u> den Urlaub.
sich kümmern <u>um</u>	→	Worum kümmerst du dich? – <u>Um</u> die Party.
sich ärgern <u>über</u>	→	Worüber ärgerst du dich? – <u>Über</u> die Preise.

C Fragepronomen *Wovon? Worauf?* Lesen Sie.

- Bei Fragen mit Verben + fester Präposition ist die Präposition Teil des Fragepronomens.
- Nach Dingen fragt man so: *wo* + Präposition. Man ergänzt ein *r*, wenn zwei Vokale hintereinander stehen: *wo<u>r</u>auf*. Fragepronomen bei Personen: siehe 28.

ÜBEN

1 Bildung Sie Fragewörter.

1	wo + für	*wofür*	**4**	wo + um	....
2	wo + an	*woran*	**5**	wo + über	....
3	wo + auf	....	**6**	wo + von	....

2 Ordnen Sie die Fotos den Sätzen zu.

1 B Wovon träumt sie? 2 ...... Worüber ärgert sie sich? 3 ...... Worauf freuen sie sich?

A

B

C

3 Ergänzen Sie die Fragewörter.

1 Wofür interessierst du dich denn? – Für Sport.
2 .... denkst du am meisten? – An meine Prüfungen.
3 .... freust du dich am meisten? – Auf das Wochenende.
4 .... ärgerst du dich oft? – Über die S-Bahn.
5 .... beschwerst du dich manchmal? – Über das Essen in der Kantine.
6 .... träumst du oft? – Von einem großen Haus.
7 .... kümmerst du dich denn? – Um alles! Um das ganze Projekt.

4 Sortieren Sie und schreiben Sie Fragen.

1 interessiert sich / Wofür / dein Bruder? Wofür interessiert sich dein Bruder?
2 kümmert er sich / Worum ? ....
3 in der Firma? / ärgern Sie sich am meisten / Worüber ....
4 Worauf / in diesem Jahr? / freust du dich ....
5 manchmal? / träumen Sie / Wovon ....
6 denkst du / Woran / die ganze Zeit? ....

5 Ordnen Sie die Antworten den Fragen in 4 zu.

1 Über die schlechte Teamarbeit. ......
2 Nur für Computer. 1
3 Von einem schönen Haus am Meer. ......
4 An mein Land und an meine Heimat. ......
5 Auf den Urlaub in Spanien. ......
6 Um nichts. Auch nicht um seine Arbeit. ......

6 Dinge! Was möchten Sie Ihre Kollegen fragen? Schreiben Sie vier Fragen.

Wovon träumst du?

....

28 An wen denkst du?

Fragepronomen 4

ENTDECKEN

A Lesen Sie das Gedicht. Unterstreichen Sie die Fragewörter.

Von wem?

Von wem träumst du nachts?
Für wen interessierst du dich?
Auf wen freust du dich?
An wen denkst du jetzt?

B Lesen Sie A noch einmal und ergänzen Sie.

Fragepronomen → Personen: Präposition + wen / wem		
mit Dativ		
träumen **von**	→	.... träumst du? – **Von** meinem Freund.
telefonieren **mit**	→	Mit wem telefonierst du? – **Mit** dem Lehrer.
mit Akkusativ		
sich interessieren **für**	→	.... interessierst du dich? – **Für** den Autor.
sich freuen **auf**	→	.... freust du dich? – **Auf** meine Freundin.
denken **an**	→	.... denkst du? – **An** meinen Sohn.
sich kümmern **um**	→	Um wen kümmerst du dich? – **Um** die Kinder.
sich ärgern **über**	→	Über wen ärgerst du dich? – **Über** den Nachbarn.

C Fragepronomen *Über wen?* Lesen Sie.

- Bei Fragen nach Personen mit Verben + fester Präposition steht die Präposition vor den Fragepronomen *wen / wem*: *Über wen? Mit wem?* Fragepronomen bei Dingen: siehe 27.

ÜBEN

1 Geht es um Dinge (D) oder Personen (P)? Markieren Sie.

1 Von wem träumst du? – Von meinem neuen Freund. *P*
2 An wen denkst du denn schon wieder? – An meine Freundin. ....
3 Und worüber ärgerst du dich? – Über den Service hier. ....
4 Woran denkst du wieder? – An meine Prüfungen. ....
5 Um wen kümmerst du dich heute? – Um Petras Kinder. ....

2 Dinge oder Personen? Sortieren Sie die Fragewörter.

~~wofür~~ | woran | an wen | worauf | mit wem | worüber | von wem | worum | um wen

Dinge?	*wofür*
Personen?	

3 Person oder Ding? Schreiben Sie Fragen.

1 Er denkt an seine Freundin. — Er denkt an sein Auto.
An wen denkt er? — *Woran denkt er?*

2 Die Kinder freuen sich auf Opa. — Die Kinder freuen sich auf den Urlaub.

3 Sie träumt von einem Haus am Meer. — Sie träumt von David.

4 Sie ärgert sich über die Preise. — Sie ärgert sich über die Nachbarin.

4 Nach Personen fragen. Ergänzen Sie *wen* oder *wem*.

1 Ich träume von ihm. → Von *wem* ?
2 Er denkt an sie. → An .... ?
3 Ich ärgere mich über dich. → Über .... ?
4 Er telefoniert mit ihr. → Mit .... ?
5 Er kümmert sich um euch. → Um .... ?
6 Wir interessieren uns für sie. → Für .... ?
7 Sie freut sich auf ihn. → Auf .... ?
8 Er trifft sich mit ihnen. → Mit .... ?

5 Ergänzen Sie.

mit wem | über wen | über wen | ~~von wem~~ | um wen

1 *Von wem* träumst du denn gerade? – Von meinem neuen Freund.
2 .... hat er sich beschwert? – Über seine neue Kollegin.
3 .... ärgerst du dich denn? – Mal wieder über meinen Chef.
4 .... musst du dich kümmern? – Um die Kinder.
5 Und .... telefoniert er? – Mit seiner Frau.

6 Sortieren Sie und schreiben Sie Fragen.

1 denken Sie / An wen / gerade? *An wen denken Sie gerade?*
2 Über wen / am meisten? / ärgern Sie sich ....
3 träumst du / Von wem / nachts? ....
4 freust du dich / denn so? / Auf wen ....

7 Ordnen Sie die Antworten den Fragen in 6 zu.

1 Über meinen Vater. ....
2 An meine Frau. *1*
3 Auf meine Familie. ....
4 Von meinem Freund. ....

8 Personen! Was möchten Sie Ihre Kollegen fragen? Schreiben Sie vier Fragen.

Auf wen freust du dich?

29 Ich bin schneller als du.

Komparation und Vergleichssätze

ENTDECKEN

A Lesen Sie und unterstreichen Sie die Adjektive.

B Lesen Sie A noch einmal und ergänzen Sie.

+	++ Komparativ
glücklich	glücklicher
klein	kleiner
schnell	....
alt	älter
groß	größer
jung	jünger

+	++ Komparativ
gut	besser
viel	mehr
gerne	lieber
hoch	! hö~~c~~her = höher
teuer	! teu~~e~~rer = teurer

Paula ist kleiner als Alexander.

Tim ist genauso groß wie Carlo.
Tim ist so groß wie Carlo.

C Komparativ. Lesen Sie.

- Man benutzt den Komparativ, wenn man etwas vergleicht. Das Adjektiv bekommt die Endung *-er*: *kleiner*.
- Bei kurzen Adjektiven wird der Vokal oft zum Umlaut: *a → ä (alt – älter), o → ö (groß – größer), u → ü (jung – jünger)*.
- Unregelmäßige Formen: *hoch – höher* und *teuer – teurer*.
- Man benutzt *genauso … wie* oder *so … wie*, wenn zwei Personen oder Dinge gleich sind.

ÜBEN

1 Ergänzen Sie den Komparativ.

1 klein kleiner	**4** teuer	**7** hoch	**10** viel ....
2 alt	**5** früh	**8** reich	**11** gut ....
3 billig	**6** gerne	**9** groß	**12** jung ....

2 **Städte. Ergänzen Sie den Komparativ.**

1 Wien ist *größer* (groß) als München.
2 Berlin hat .... (viel) Einwohner als Wien.
3 Zürich ist .... (klein) als Berlin.
4 Die Häuser in New York sind .... (hoch) als in Berlin.
5 Die Wohnungen in München sind .... (teuer) als die Wohnungen in Köln.
6 Ich mag Berlin gerne. Aber Wien mag ich .... (gerne).
7 Nürnberg ist .... (alt) als München.

3 **Und sie ...? Ergänzen Sie.**

1 Ich esse gerne Italienisch. (+) Sie *isst lieber* Französisch. (++)
2 Ich bin Architekt und verdiene gut. (+) Sie ist Ärztin .... (++)
3 Ich arbeite viel und schlafe wenig. (+) Sie .... und .... (++)
4 Ich wohne gerne in Berlin. (+) Sie .... in Wien. (++)

4 **Alles gleich. Schreiben Sie.**

1 Tim = Marco / schnell laufen *Tim läuft genauso schnell wie Marco.*
2 Emilia = Lena / alt sein ....
3 Kaffee = Tee / gut schmecken ....
4 ich = du / glücklich sein ....

5 ***als* oder *wie*? Was ist richtig? Unterstreichen Sie.**

1 Ist Tim älter *als* / *wie* du? – Nein, er ist so alt *als* / *wie* ich.
2 Magst du auch lieber Nudeln? – Nein, ich esse Nudeln genauso gerne *als* / *wie* Kartoffeln.
3 Wie ist das Wetter bei euch in Schweden? Besser *als* / *wie* bei uns? –
Nein, es ist genauso schlecht *als* / *wie* hier.

6 **Clara und ich. Schreiben Sie.**

1 (schnell laufen) *Clara läuft schneller als ich.*
2 (viel verdienen) *Sie* ....
3 (gut malen) ....
4 (groß sein) ....

7 **Und Sie? Wo sind Sie besser, schneller ... als andere? Schreiben Sie drei Sätze.**

Ich spreche besser Deutsch als mein Bruder.
....

30 Zuhause ist es am schönsten.

Superlativ

ENTDECKEN

A Lesen Sie und unterstreichen Sie die Adjektive.

B Lesen Sie A noch einmal und ergänzen Sie.

+	++	+++ Superlativ
glücklich	glücklicher	am glücklichsten
schön	schöner	....
jung	jünger	am jüngsten
warm	wärmer	am wärmsten
groß	größer	! am größten
laut	lauter	! am lautesten

+	++	+++ Superlativ
gut	besser	am besten
viel	mehr	am meisten
gerne	lieber	am liebsten
hoch	höher	am höchsten
teuer	teurer	am teuersten

C Superlativ. Lesen Sie.

- Der Superlativ ist die höchste Stufe der Komparation. Den Superaltiv bildet man so: *am* + Adjektiv mit der Endung *-sten: am schönsten*.
- Bei kurzen Adjektiven wird der Vokal oft zum Umlaut: a → ä *(alt – am ältesten)*, o → ö *(groß – am größten)*, u → ü *(jung – am jüngsten)*.
- Nach *ß* in *groß* ist die Endung *-ten*: *größten*.
- Bei Adjektive auf *-t*, *-d* oder *-z* ergänzt man ein *e*: *kalt – am kältesten*.

ÜBEN

1 Ergänzen Sie die fehlenden Formen.

1 glücklich	*glücklicher*	am glücklichsten
2 gut	besser	....
3 groß	größer	....
4 billig	....	am billigsten
5 gerne	lieber	....
6 fleißig	....	am fleißigsten
7 viel	mehr	....
8 hoch	....	am höchsten

2 *-sten* oder *-esten*? Schreiben Sie den Superlativ.

1 teuer am teuer*sten*
2 sympathisch am sympathisch..........
3 kurz am kürz..........
4 ruhig am ruhig..........
5 kalt am kält..........
6 nett am nett..........
7 alt am ält..........
8 reich am reich..........
9 weit am weit..........

3 Ergänzen Sie den Komparativ und den Superlativ. Vergessen Sie nicht den Umlaut.

1 dumm *dümmer, am dümmsten*
2 hart ....
3 klug ....
4 lang ....
5 stark ....
6 warm ....

4 Superlative. Ergänzen Sie.

1 Kaffee mag ich lieber als Tee, *aber Limonade mag ich am liebsten*. (Limonade)
2 Lisa ist fleißiger als Kim, ...(Lena)
3 Carl ist netter als David, ...(Paul)
4 Wien ist größer als München, ...(Berlin)
5 In Köln sind die Mieten teurer als in Kiel, ...(in München)
6 Hannah hat mehr Geld als Leonie, ...(Paula)

5 Drei Brüder. Ergänzen Sie den Komparativ oder den Superlativ.

Ich habe drei Brüder. Sie heißen Boris, Ben und Bert.

1 Boris ist schon 35 Jahre alt und er ist am *ältesten* (alt). Bert ist ein Jahr .... (jung) als Ben. Bert ist am .... (jung).
2 Bert ist 1,90 m groß, er ist am .... (groß). Ben ist ein bisschen .... (klein) als Bert, aber .... (groß) als Boris.
3 Ben verdient am .... (viel), er ist Arzt. Boris verdient .... (wenig) als Ben und Bert.
4 Ben spielt Fußball. Er ist .... (sportlich) als Boris. Aber Bert ist am .... (sportlich). Er spielt Tennis, Fußball und fährt Ski.
5 Und wer ist am .... (lustig)? Ich glaube, Bert. Er lacht .... (viel) als Ben und Boris.

6 Größe? Alter? Schreiben Sie vier Sätze über ihre Familie.

Meine Mutter ist am ältesten.
....
....

31 Sind Sie ein glücklicher Mensch?

Adjektivendungen 1: nach indefinitem Artikel im Nominativ

ENTDECKEN

A Lesen Sie die Umfrage und unterstreichen Sie die Artikel und Adjektive vor *Frau* und *Mann*.

www.netzumfragen-menschen.net

Sind Sie ein glücklicher Mensch?

Sind Sie glücklich? Sind Sie zufrieden? Wählen Sie:

☐ Nein, ich habe nie Glück.
☐ Ja, ich bin immer glücklich.
☐ Immer glücklich, das geht doch gar nicht.
Ich bin eine zufriedene Frau / ein zufriedener Mann.

B Lesen Sie A noch einmal und ergänzen Sie.

Nominativ			
● maskulin	Sind Sie ein	.... Mensch?	*der Mensch*
● neutral	Das ist ein	schönes Mädchen.	*das Mädchen*
● feminin	Ich bin eine	.... Frau.	*die Frau*
● Plural	Das sind	nette Menschen.	*die Menschen*

C Adjektivendungen nach indefinitem Artikel. Lesen Sie.

- Adjektive bekommen eine Endung, wenn sie vor einem Nomen stehen.
- Im Nominativ sind die Endungen nach *ein-* wie bei den definiten Artikeln: *der Wagen → ein schöner Wagen*.

ÜBEN

1 Ergänzen Sie die Adjektive.

~~langweilig~~ klein schön sympathisch

1 Bei dem Film bin ich eingeschlafen. Er war total *langweilig*.
2 Das Haus gefällt mir sehr. Es ist wirklich sehr ....
3 Die Wohnung hat nur ein Zimmer, sie ist sehr ....
4 Ich mag unsere Nachbarn! Sie sind sehr ....

2 Unterstreichen Sie die Adjektivendungen und ergänzen Sie die Artikel.

1 Das ist ein langweiliger Film. *der* Film
2 Das ist ein schönes Haus. .... Haus
3 Das ist eine kleine Wohnung. .... Wohnung
4 Das sind sympathische Nachbarn. .... Nachbarn

3 Ergänzen Sie die Endungen.

- Er ist ein glücklich*er* Mensch. Er ist ein groß...... Mann. Er ist ein sympathisch...... Nachbar. Das ist ein neu...... Rock.
- Es ist ein dünn...... Buch. Es ist ein klein...... Haus. Es ist ein hell...... Zimmer. Das ist ein interessant...... Hobby.
- Sie ist eine sympathisch...... Frau. Sie ist eine alt...... Bekannte. Sie ist eine nett...... Kollegin. Das ist eine gut...... Frage.
- Das sind nett...... Menschen. Das sind klein...... Kinder. Das sind lang...... Tische. Das sind furchtbar...... Schmerzen.

4 Schreiben Sie die Sätze neu. Beginnen Sie mit *Das ist* ... oder *Das sind* ...

1. Der Film ist aber spannend. *Das ist aber ein spannender Film!*
2. Das Buch ist aber dick. ......
3. Die Torten sind aber lecker. ......
4. Die Frau ist aber unglücklich. ......
5. Die Zeitschrift ist aber dünn. ......
6. Die Stadt ist aber klein. ......
7. Der Wagen ist aber groß. ......
8. Das Zimmer ist aber hässlich. ......
9. Der Marktplatz ist aber schön. ......
10. Die Straßen sind aber lang. ......

5 Ergänzen Sie das Adjektiv mit der richtigen Endung.

1. Das ist aber ein *spannendes* (spannend) Buch! – Findest du? Ich finde es langweilig.
2. Kennst du Berlin? – Ja, ein bisschen. Weißt du, Berlin ist eine ...... (groß) Stadt.
3. Was für ein ...... (schrecklich) Mensch! – Wer denn? Der Nachbar?
4. Und was hilft dir bei Stress? – Ein ...... (heiß) Tee zum Beispiel.
5. Was kann ich essen, wenn ich krank bin? – Eine ...... (warm) Suppe ist gut.
6. ...... (teuer) Restaurants sind nicht immer besser. – Ja, das stimmt.

6 Sie sind nicht glücklich? Sie haben Stress? Was hilft Ihnen? Schreiben Sie vier Sätze.

Mir hilft ein heißer Tee.

......

......

32 Wir haben einen neuen Motorroller.

Adjektivendungen 2: nach indefinitem Artikel im Akkusativ

ENTDECKEN

A Lesen Sie und unterstreichen Sie den Artikel und das Adjektiv.

B Lesen Sie A noch einmal und ergänzen Sie.

Akkusativ			
● **maskulin**	Wir haben einen	.... Motorroller.	*den Motorroller*
● **neutral**	Wir haben ein	schönes Haus.	*das Haus*
● **feminin**	Wir haben eine	nette Lehrerin.	*die Lehrerin*
● **Plural**	Wir haben	sympathische Nachbarn.	*die Nachbarn*

C Adjektivendungen nach indefinitem Artikel. Lesen Sie.

Im Akkusativ sind die Endungen nach *ein-* wie bei den definiten Artikeln:
den Wagen → einen schönen Wagen.

ÜBEN

1 Ordnen Sie zu und unterstreichen Sie den Artikel und die Endung des Adjektivs.

~~ein schnelles Auto~~ | eine neue Uhr | kleine Kartoffeln | ein großes Haus | einen guten Freund | eine interessante Zeitschrift | einen roten Stift | grüne Äpfel

Ich brauche ...

●	●	●	●
	ein schnelles Auto		

2 **Unterstreichen Sie die richtige Form.**

1 Er trägt eine *schwarzen* / *schwarzes* / *schwarze* ● Brille.
2 Sie hat eine *kleinen* / *kleines* / *kleine* ● Wohnung.
3 Wir haben ein *alten* / *altes* / *alte* ● Auto.
4 Carlo kauft einen *schönen* / *schönes* / *schöne* ● Ring.
5 Ich brauche einen *großen* / *großes* / *große* ● Rucksack.
6 Ich möchte *kleinen* / *kleines* / *kleine* ● Brötchen, bitte.
7 Paula möchte gerne eine *langen* / *langes* / *lange* ● Kette.
8 Ich habe ein sehr *guten* / *gutes* / *gute* ● Handy.

3 **Ergänzen Sie.**

1 Neu muss es sein, das Fahrrad!	Ah, du suchst *ein neues Fahrrad!*
2 Rot muss es sein, das Auto!	Ah, du möchtest ....
3 Klein soll sie sein, die Wohnung!	Ah, du suchst ....
4 Schön müssen sie sein, die Stühle!	Ah, du willst ....
5 Groß soll er sein, der Garten!	Ah, du suchst ....
6 Interessant muss er sein, der Job!	Ah, du willst ....

4 **Auf dem Flohmarkt. Ergänzen Sie *-en*, *-es* oder *-e*.**

1 Was suchen Sie denn? – Ich suche eine alt*e* ● Couch.
2 Haben Sie auch einen schwarz........ ● Anzug? – Nein, tut mir leid.
3 Haben Sie auch klein........ ● Teller? – Ja, sicher. Hier sind sie.
4 Hier habe ich noch eine klein........ ● Geldbörse. – Oh, die ist ja total schön!
5 Wir suchen ein bunt........ ● Kleid. – Kleider haben wir hier.
6 Ich habe hier noch einen groß........ ● Topf. – Sehr schön. Und was kostet er?

5 **Haben Sie ...? Ergänzen Sie die Fragen und Antworten.**

	◆ Haben Sie auch	○ Ja, wir haben auch
1 Brot, klein	*ein kleines Brot?*	*kleine Brote.*
2 Hemd, rot	....	....
3 Hose, kurz	....	....
4 Kleid, bunt	....	....
5 Anzug, blau	....	....
6 Tisch, groß	....	....
7 Jacke, kurz	....	....

6 **Was wünschen Sie sich? Machen Sie eine Liste und benutzen Sie dabei Adjektive.**

ein neues Fahrrad, ...

33 Ich spreche mit einem alten Freund.

Adjektivendungen 3: nach indefinitem Artikel im Dativ

ENTDECKEN

A Lesen Sie und unterstreichen Sie das Adjektiv.

B Lesen Sie A noch einmal und ergänzen Sie.

Dativ	
● maskulin	Ich spreche mit einem .... Freund.
● neutral	Sie träumt von einem kleinen Haus.
● feminin	Sie wohnt bei einer netten Kollegin.
● Plural	Wir haben den Tag mit sympathischen Nachbarn verbracht.

C Adjektivendungen nach indefinitem Artikel. Lesen Sie.

Im Dativ ist die Endung nach *ein-* immer *-en: mit einem alten Freund.*

ÜBEN

1 Ergänzen Sie die Endungen.

Wir verbringen den Tag mit ...		
	●	einem gut*en* Freund.
	●	einem nett...... Mädchen.
	●	einer sympathisch...... Kollegin.
	●	gut...... Freunden.

2 Schreiben Sie *einem*, *einer* oder - und die Adjektive im Dativ.

Wo wohnt er?

1	● Leute / nett	Bei	netten Leuten.
2	● Haus / groß	In	einem großen Haus.
3	● Freund / alt	Bei	
4	● Stadt / klein	In	
5	● Wohnung / schön	In	
6	● Freunden / gut	Bei	
7	● Apartment / klein	In	
8	● Dorf / alt	In	
9	● Kollegin / nett	Bei	
10	● Insel / sonnig	Auf	
11	● Ferienort / berühmt	In	

3 Nominativ, Akkusativ oder Dativ? Lesen Sie Annas Blog und ergänzen Sie die Endungen.

www.annasleben-bloglife.net

Hallo, ich heiße Anna. Auf diesem Blog möchte ich euch (1) spannend*e* und (2) lustig...... ● Geschichten aus meinem Leben erzählen. Ich wohne in einem (3) klein...... ● Dorf bei München. Aber ich bin oft in Berlin. Ich habe kein Geld für ein Hotel. Und ein (4) gut...... ● Hotel in Berlin ist sehr teuer. Deshalb wohne ich bei einem (5) alt...... ● Freund. Mein Freund hat eine (6) groß...... und sehr (7) schön...... ● Wohnung in Kreuzberg. Ich schlafe immer auf einer (8) weiß...... und total (9) bequem...... ● Couch im Wohnzimmer.
Berlin ist eine (10) toll...... ● Stadt. Es gibt so viele Clubs, Kinos und Theater. Aber es gibt auch (11) günstig...... und (12) gut...... ● Restaurants. Und Berlin ist total spannend. Ja, ich möchte auch gerne in so einer (13) aufregend...... ● Stadt wohnen!
Ich möchte bald nach Berlin ziehen. Deshalb suche ich auch einen (14) neu...... ● Job. Das ist nicht einfach, denn viele Jobs gibt es nicht. Aber es muss ein (15) gut...... ● Job sein. Das finde ich wichtig!
Morgen habe ich ein (16) interessant...... ● Gespräch bei einer (17) international...... ● Firma. Ich habe (18) viel...... ● Fragen vorbereitet. Aber was soll ich anziehen? Vielleicht ziehe ich einen (19) blau...... ● Rock mit einer (20) weiß...... ● Bluse an. Oder ich könnte auch ein (21) schön...... ● Kleid tragen. Kleider sehen doch immer gut aus.
Morgen schreibe ich von meinem Gespräch. Ich hoffe, dass ich dann eine (22) gut...... ● Nachricht habe.

4 Mit wem sprechen Sie gerne? Schreiben Sie zwei Sätze und benutzen Sie Adjektive.

Ich spreche gerne mit netten Nachbarn.

....

34 Die schwarze Bluse ist super.

Adjektivendungen 4: nach definitem Artikel im Nominativ

ENTDECKEN

A Lesen Sie und unterstreichen Sie die Artikel und Adjektive.

B Lesen Sie A noch einmal und ergänzen Sie.

Nominativ	
● maskulin	Der .... Rock passt gut dazu.
● neutral	Das alte Haus ist schön.
● feminin	Die .... Bluse ist super.
● Plural	Die neuen Nachbarn sind nett.

C Adjektivendungen nach definitem Artikel. Lesen Sie.

Im Nominativ ist die Endung nach *der, das, die* immer *-e*, im Plural immer *-en: der alte Rock, die alten Röcke.*

ÜBEN

1 Ordnen Sie zu und unterstreichen Sie den Artikel und die Endung des Adjektivs.

~~der aufregende Film~~ | die sympathische Kollegin | das schöne Haus | die kleinen Autos | der alte Mann

●	●	●	●
der aufregende Film			

2 Bei uns in der Straße. Ergänzen Sie die Endungen.

Da drüben ist / sind ...

- ● der neu*e* Kindergarten.
- ● das klein..... Geschäft.
- ● die neu..... Bäckerei.
- ● die alt..... Bäume.

3 **Schreiben Sie die Sätze neu.**

1 Der Wagen ist alt und kaputt. → *Der alte Wagen* ist kaputt.
2 Der Anzug ist neu und bequem. → .... ist bequem.
3 Die Küche ist groß und sehr modern. → .... ist sehr modern.
4 Das Apartment ist schön und günstig. → .... ist günstig.
5 Die Leute sind nett und neu in der Stadt. → .... sind neu in der Stadt.
6 Die Häuser sind alt und nicht sehr teuer. → .... sind nicht sehr teuer.

4 **Ergänzen Sie. Achten Sie auf den Plural!**

1 Haus / alt — *Das alte Haus* gefällt mir.
2 Restaurants / griechisch — *Die griechischen Restaurants* in der Stadt sind gut.
3 Auto / rot — .... ist viel zu teuer.
4 Park / groß — .... ist ganz in der Nähe.
5 Kirche / schöne — .... steht am Ende der Straße.
6 Blusen / bunt — .... stehen dir.
7 Dorf / klein — .... ist nicht weit von Hamburg.
8 Anzug / schwarz — .... ist mir zu eng.
9 Fahrräder / blau — .... gehören meinen Freunden.
10 Motorroller / italienisch — .... sind wirklich cool.

5 **Neu in der Stadt. Ergänzen Sie.**

der französisch*e* Kindergarten | der groß... Spielplatz | der groß... Flohmarkt | die neu... Wohnung | die frisch... Brötchen | das italienisch... Restaurant

1 Ist *der französische Kindergarten* hier in der Nähe? – Ja, gleich dort.
2 Wie gefällt dir denn ....? – Super! Die Miete ist nicht hoch und ich habe noch nie so ruhig gewohnt.
3 .... auf der Theresienwiese ist wirklich super! – Ja, das finde ich auch. Ich liebe alte Sachen.
4 Wo hast du .... gekauft? – Geh einfach geradeaus! Dann siehst du die Bäckerei.
5 Wo ist denn .... mit der leckeren Pizza? – Nicht weit vom Goetheplatz.
6 Ist .... hier in der Straße? – Ja, er ist ganz am Ende der Straße. Hörst du nicht die Kinder?

6 **Was gefällt Ihnen in Ihrer Stadt? Schreiben Sie eine Liste und benutzen Sie dabei Adjektive.**

die alte Schule, ...

35 Ich mag die neuen Nachbarn.

Adjektivendungen 5: nach definitem Artikel im Akkusativ

ENTDECKEN

A Lesen Sie und unterstreichen Sie das Adjektiv.

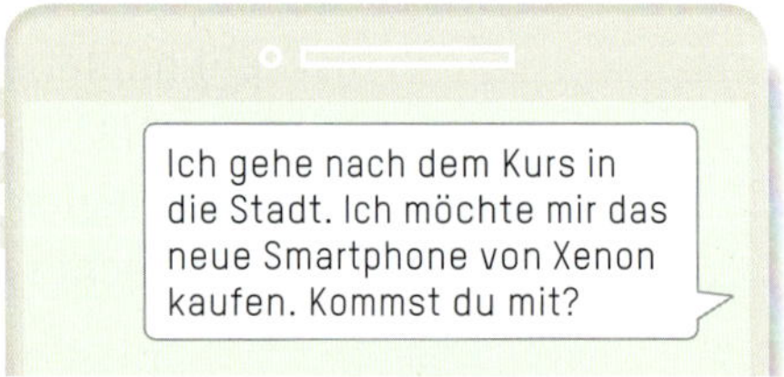

B Lesen Sie A noch einmal und ergänzen Sie.

Akkusativ	
● maskulin	Ich mag den lustigen Film.
● neutral	Ich kaufe das .... Smartphone.
● feminin	Ich mag die bunte Bluse.
● Plural	Ich mag die neuen Nachbarn.

C Adjektivendungen nach definitem Artikel. Lesen Sie.

Im Akkusativ ist nach *den* und im Plural die Endung immer -*en*. Nach *das* und *die* ist die Endung -*e*.

ÜBEN

1 Ergänzen Sie die Endungen im Akkusativ.

Ich mag ...

●	den groß*en* Park.	den klein........ Marktplatz.
●	das alt........ Rathaus.	das neu........ Zentrum.
●	die groß........ Brücke.	die alt........ Kirche.
●	die schön........ Geschäfte.	die groß........ Bäume.

2 Markieren Sie die Adjektivendungen. Schreiben Sie das Gegenteil.

1 Ich mag den klein[en] Park. *Ich mag den großen Park.*
2 Wir mögen das alte Rathaus. ....
3 Er liebt die alte Kirche. ....
4 Sie mag die großen Bäume. ....

3 Was hätten Sie gerne? Die große Wohnung? Schreiben Sie.

Ja, ich hätte gerne …

1 ● Wohnung / groß *die große Wohnung.*
2 ● Haus / klein ……
3 ● Pullover / schwarz ……
4 ● Kette / lang ……
5 ● Stiefel / schwarz ……
6 ● Wagen / neu ……
7 ● Hemd / weiß ……
8 ● Garten / groß ……
9 ● Krawatte / grau ……
10 ● Bücher / alt ……

4 Ergänzen Sie die Endungen im Akkusativ.

1 Hast du den neu*en* Deutschlehrer schon gesehen? – Ja, er ist super.
2 Ich glaube, dass Martin die richtig…… Frau fürs Leben gefunden hat. – Das ist schön.
3 Ich danke Ihnen für den sehr nett…… Abend. – Gerne.
4 Ich finde den jung…… Kellner sehr nett und höflich. – Ja, da hast du recht.
5 Ich mag die lang…… Spaziergänge mit dir. – Das freut mich wirklich.
6 Hast du die müd…… Menschen hier in der U-Bahn gesehen? – Ja, das ist abends immer so.
7 Hast du das neu…… Kleid im Internet gekauft? – Nein, in einem Kaufhaus.
8 Bitte häng die nass…… Jacke ins Bad! – Ja, das mache ich.

5 Lesen Sie den Text auf einer Dating-Webseite und ergänzen Sie die Endungen im Akkusativ.

Ich suche eine Frau für die Stadt!

Ich bin zu viel allein. Meine Freizeit ist schrecklich! Ich mag das (1) *langweilige Leben* (langweilig / Leben) und die (2) …… (hart / Arbeit) hier auf dem Land nicht mehr. Ich interessiere mich für die (3) …… (schön / Dinge) des Lebens und möchte in die (4) …… (groß / Stadt). Hamburg, Berlin oder auch London oder Paris! Welche Frau kommt mit? Ja, ich suche das ganz (5) …… (groß / Glück) und das (6) …… (aufregend / Leben) weit weg von hier. Hast du Lust? Kommst du mit?
Ich bin nicht mehr jung, aber immer noch fit. Arbeiten muss ich nicht mehr. Ich mag das (7) …… (lecker / Essen) in Frankreich, den (8) …… (gut / Wein) in Rom und die (9) …… (groß / Museen) in Berlin. Ich liebe das (10) …… (gut / Leben) und freue mich auf dich!

6 Was mögen Sie? Schreiben Sie drei Sätze mit Adjektiven.

Ich mag den alten Park in der Stadt.

……

36 Ich helfe der netten Dame.

Adjektivdeklination 6: nach definitem Artikel im Dativ

ENTDECKEN

A Lesen Sie und unterstreichen Sie das Adjektiv.

B Lesen Sie A noch einmal und ergänzen Sie.

Dativ	
● maskulin	Ich arbeite gerne mit dem .... Kollegen.
● neutral	Ich fahre gerne mit dem großen Auto.
● feminin	Ich helfe der netten Dame.
● Plural	Ich wohne in den neuen Apartments.

C Adjektivendungen nach definitem Artikel. Lesen Sie.

Im Dativ ist die Endung nach den definiten Artikeln immer *-en*.

ÜBEN

1 Unterstreichen Sie die Adjektive.

1 Der Chef ist neu.
2 Das Büro ist alt.
3 Die Kollegin ist jung.
4 Die Mitarbeiter sind fleißig.

2 Ordnen Sie zu und markieren Sie die Adjektivendungen.

1 ● Chef
2 ● Büro
3 ● Kollegin
4 ● Mitarbeiter

a Alle helfen der jungen Kollegin.
b Sie sitzt immer noch in dem alten Büro.
c Die Chefin dankt den fleißigen Mitarbeitern.
d Wir arbeiten gerne mit dem neuen Chef.

3 Zufrieden? Ergänzen Sie die Artikel und die Endungen.

Wie zufrieden sind Sie ...

1 ● mit *dem* neu*en* Fernseher? – Wir sind sehr zufrieden.
2 ● mit ...... kostenlos...... Bankkonto? – Es ist wirklich super!
3 ● mit ...... groß...... Tasche? – Es geht so.
4 ● mit ...... italienisch...... Schuhen? – Sie sind sehr schick.

4 Ergänzen Sie.

Wie findest du denn ...

1 das Haus *mit dem kleinen Garten?* (● Garten / klein)
2 das Einkaufszentrum ...... (● Tiefgarage / groß)
3 die Nachbarin ...... (● Katzen / schwarz)
4 den Laden ...... (● Obst / frisch)

5 Dativ. Ergänzen Sie.

1 Komm, wir helfen *der alten Dame* (Dame / alt)!
2 Bitte zeig ...... (Mädchen / klein) den Weg!
3 Die schwarze Tasche gehört bestimmt ...... (Mann / jung).
4 Gehst du mit ...... (Kollegin / neu) ins Konzert?
5 Bitte hilf doch ...... (Nachbarin / nett) im Garten!

6 Im Büro. Nominativ, Akkusativ oder Dativ? Ergänzen Sie.

1 Mit dem neu*en* ● Drucker kann man viel besser arbeiten. – Ja, er war ja auch teuer.
2 Auch die günstig...... ● Produkte haben eine sehr gute Qualität. – Das glaube ich Ihnen.
3 Unser Chef hat immer die richtig...... ● Ideen. – Ja, das habe ich auch schon gehört.
4 Die letzt...... ● Bestellung liegt noch bei mir. – Bitte schicken Sie sie mir per E-Mail.
5 Mit der chinesisch...... ● Praktikantin sind wir sehr zufrieden. – Das freut uns sehr.
6 Brauchst du denn den alt...... ● Computer noch? – Ja, ich schenke ihn den Kindern.
7 Wie ist denn der neu...... ● Partner aus Japan? – Toll! Er ist genau richtig für unsere Firma.
8 Mit dem klein...... ● Gehalt kann ich nicht leben. – Da ist doch die neu...... ● Chefin. Sprich mal mit ihr!
9 Komm, wir kaufen die klein...... ● Couch. – Ja, gut. Sie ist auch nicht so teuer.

7 Was haben Sie in den letzten Wochen gekauft? Sind Sie zufrieden? Schreiben Sie zwei Sätze.

Kühlschrank: Mit dem neuen Kühlschrank bin ich sehr zufrieden.

......

37 Ich sitze neben den Büchern.

Lokale Präpositionen 1: Wechselpräpositionen

ENTDECKEN

A **Lesen Sie und unterstreichen Sie die Präposition und den Artikel.**

B **Lesen Sie.**

		Das Tier ...		Das Tier ...
Wo?	auf	sitzt auf der Box.	über	ist über der Box
	in	sitzt in der Box.	unter	liegt unter der Box.
	an	steht an der Box.	neben	steht neben der Box.
	vor	steht vor der Box.	zwischen	steht zwischen der Box und dem Ball.
	hinter	sitzt hinter der Box.		

C **Wechselpräpositionen mit Dativ. Lesen Sie.**

- *auf, in, an, vor, hinter, über, unter, neben* und *zwischen* können eine Position (*Wo?*) beschreiben. Dann steht der Dativ.
- Typische Verben: *stehen, liegen, sitzen, wohnen, sein, ...*
- *in dem = im, an dem = am*

ÜBEN

1 **Wo ist das Tier? Ergänzen Sie die Präpositionen.**

auf der Box — .... der Box — .... der Box

.... der Box und dem Ball — .... der Box — .... der Box

.... der Box — .... der Box — .... der Box

2 **Ersetzen Sie die Wörter in Klammern durch *am* und *im*.**

1 Wir sitzen *im* (in dem) Auto.
2 Warst du .... (an dem) Strand?
3 Sie wartet noch .... (in dem) Haus.
4 Der Pullover liegt .... (in dem) Schrank.

3 **Ergänzen Sie.**

~~im~~ | im | im | in | auf dem | in der | in der

1 Wo ist der Wein? – *Im* Glas?
2 Wo stehen die Flaschen? – .... Tisch.
3 Wo steht der Tisch? – .... Wohnzimmer.
4 Wo ist das Wohnzimmer? – .... Wohnung?
5 Wo ist die Wohnung? – .... Schwarzwaldstraße.
6 Wo ist die Schwarzwaldstraße? – .... München.
7 Und wo liegt München? – .... Süden von Deutschland.

4 **In der Stadt. Ergänzen Sie die Präposition und den Artikel in der richtigen Form.**

1 Wo ist denn die Post? – *Neben der* (neben) ● Bank.
2 Siehst du David schon? – Ja, er wartet .... (an) ● Ampel.
3 Wo wohnt Chris denn? – Da .... (in) ● Wohnung .... (über) ● Café.
4 Wo steht dein Auto? – Nicht weit von hier, ... (auf) ● Parkplatz.
5 Wo gibt es hier Taxis? – Taxis stehen .... (zwischen) ● Bahnhof und .... ● Rathaus.
6 Steht da ein Auto .... (unter) ● Brücke? – Ich glaube, ja.
7 Wo ist der Kindergarten? – Der Kindergarten ist .... (hinter) ● Kirche.
8 Wo wartet der Bus? – Der Bus wartet .... (vor) ● Museum auf uns.

5 **Lesen Sie den Blog und unterstreichen Sie die richtige Präposition.**

www.so-wohne-ich.de

Ich wohne (1) *unter* / *in* der Schillerstraße in Stuttgart. Meine Wohnung ist wunderschön, sie ist ganz oben (2) *im* / *am* Haus (3) *über* / *unter* dem Dach. Ich habe alles renoviert und neue Möbel für mein Wohnzimmer gekauft. Die neue Couch steht (4) *vor* / *auf* dem Fenster und (5) *über* / *neben* der Tür steht ein großer weißer Schrank. (6) *In* / *Auf* der Ecke steht ein kleiner Tisch und (7) *unter* / *über* dem Tisch hängt ein Bild. Meine Wohnung hat auch einen Balkon und (8) *neben* / *auf* dem Balkon stehen ein kleiner Tisch und ein Stuhl.

6 **Wo sind die Dinge in Ihrem Wohnzimmer? Schreiben Sie drei Sätze.**

Der Tisch ist vor dem Fenster.
....

38 Der Vogel fliegt über den Baum.

Lokale Präpositionen 2: Wechselpräpositionen

ENTDECKEN

A **Lesen Sie und unterstreichen Sie die zum Bild passende Präposition.**

A Der Vogel fliegt unter den Baum.
B Der Vogel fliegt über den Baum.
C Der Vogel fliegt neben den Baum.

B **Lesen Sie.**

		Das Tier ...		Das Tier ...
Wohin?	auf	fliegt auf die Box.	über	fliegt über die Box.
	in	fliegt in die Box.	unter	läuft unter die Box.
	an	geht an die Box.	neben	geht neben die Box.
	vor	läuft vor die Box.	zwischen	läuft zwischen die Box und den Ball.
	hinter	geht hinter die Box.		

C **Wechselpräpositionen mit Akkusativ. Lesen Sie.**

- *auf, in, an, vor, hinter, über, unter, neben* und *zwischen* können eine Richtung (*Wohin?*) beschreiben. Dann steht der Akkusativ.
- Typische Verben: *stellen, legen, setzen, gehen, fahren, fliegen, ...*
- *in das = ins, an das = ans*

ÜBEN

1 **Ersetzen Sie die Wörter in Klammern durch *ins* und *ans*.**

1 Wir fahren *ans* (an das) Meer.
2 Gehen Sie bitte .... (in das) Haus.
3 Bitte stell doch das Fahrrad .... (an das) Haus!
4 Komm, wir gehen .... (in das) Museum!

2 Ben räumt auf. Ergänzen Sie.

~~steht~~ | liegen | hat gestellt | hat gelegt

 → 

 → 

Die Tasse *steht* vor der Couch.

Er .... die Tasse auf den Tisch ....

Die T-Shirts .... auf dem Stuhl.

Er .... die T-Shirts in den Schrank ....

3 *Wo*? oder *Wohin*? Ergänzen Sie.

1 *Wo?* → Die Kinder spielen hinter dem Haus.
2 .... → Clara bringt Swen in die Schule.
3 .... → Tim studiert in Berlin.
4 .... → Ich stelle mein Fahrrad vor das Haus.
5 .... → Der Tisch steht zwischen dem Schrank und dem Regal.

4 Was ist richtig? Unterstreichen Sie.

1 Wohin geht sie? – In der / die Stadt.
2 Wo arbeitest du? – In der / die Stadt.
3 Wo wartet ihr? – Vor dem / das Haus.
4 Wohin geht ihr? – Vor dem / das Haus.
5 Wohin legt er das Handy? – Auf dem / den Stuhl.
6 Wo liegt die Zeitung? – Auf dem / den Stuhl.
7 Wohin stellt sie den Tee? – Auf dem / den Tisch.
8 Wo steht der Tee? – Auf dem / den Tisch.

5 Dativ oder Akkusativ? Was ist richtig? Unterstreichen Sie.

1 Wollen wir *ans* / *am* Meer fahren? – Oh ja, ich bin so gerne *ans* / *am* Meer!
2 Wohnt sie denn *in der* / *in die* Stadt? – Nein, aber sie fährt oft *in der* / *in die* Stadt.
3 Liegt das Handy *auf den* / *auf dem* Tisch? – Nein, ich habe es *auf den* / *auf dem* Schrank gelegt.
4 Steht das Auto *vor den* / *vor dem* Haus? – Nein, ich habe es *hinter das* / *hinter dem* Haus gestellt.
5 Wo ist das Obst? – Ich glaube, Paula hat es *auf dem* / *auf den* Tisch gelegt.
6 Hat sie die Lampe wieder *über dem* / *über den* Tisch gehängt? – Ja, sie hängt jetzt wieder *über dem* / *über den* Tisch.
7 Wo wartet Christine denn? – Sie steht *vor der* / *vor die* Tür.

6 Und Sie? Wo sind Sie und wohin fahren Sie heute noch? Schreiben Sie zwei Sätze.

Ich bin jetzt im Büro. ....

39 Ich komme vom Training.

Lokale Präpositionen 3: *aus, von, von ... nach, gegenüber*

ENTDECKEN

A **Ordnen Sie die Fotos den Sätzen zu und unterstreichen Sie die Präposition.**

1 .... Sascha kommt vom Training. **2** .... Manuel kommt gerade aus dem Haus.

A

B

B **Lesen Sie A noch einmal und ergänzen Sie.**

Woher?	aus + Dativ	Er kommt gerade .... dem Haus.
Woher?	x → von + Dativ	Ich komme .... Training.
Wohin?	x → x von ... nach	Sie reist von Hamburg nach Bremen.
Wo?	⟷ gegenüber + Dativ	Gegenüber der Post finden Sie eine Apotheke.

C **Lokale Präpositionen *aus, von (... nach), gegenüber*. Lesen Sie.**

- *aus* (Ort / Stadt / Land, woher jemand kommt): *aus dem Park, aus Spanien.*
- *von* (Ort, woher jemand kommt): *vom Flughafen, vom = von dem.*
- *von ... nach* (Stadt / Land, Richtung, wohin jemand geht): *von Österreich nach Italien, von links nach rechts.*
- *gegenüber* (auf der anderen Seite eines Ortes): *gegenüber der Bäckerei.*
- Nach *aus, von* und *gegenüber* steht der Dativ.

ÜBEN

1 **Woher? Ergänzen Sie *aus* mit dem Dativ.**

Siehst du sie? – Ja, sie kommt gerade ...

1 ● Schule *aus der Schule.*	**5** ● Arztpraxis ....
2 ● Büro	**6** ● Geschäft ....
3 ● Wohnung	**7** ● Stadtpark ....
4 ● Fitness-Studio	**8** ● Bäckerei ....

2 Schreiben Sie Sätze mit *vom* oder von *der*.

Woher kommst du? – Ich komme ...

1 ● Arzt	vom Arzt.	5 ● Bahnhof	....
2 ● Training	....	6 ● Universität	....
3 ● Flughafen	....	7 ● Deutschkurs	....
4 ● Schule	....	8 ● Rathaus	....

3 Schreiben Sie.

Start	Ziel	
1 Hamburg	Berlin	Wir fahren mit dem Zug von Hamburg nach Berlin.
2 Paris	Madrid	Wir fliegen mit der Lufthansa ....
3 München	Frankfurt	Wir fahren mit dem Auto ....
4 Hongkong	Tokio	Wir fliegen mit Air China ....

4 Ergänzen Sie *gegenüber* und den Artikel im Dativ.

1 Wo ist die Bushaltestelle? – Sie ist gegenüber der ● Post.
2 Wo hält der Bus? – Ich glaube, er hält .... ● Tankstelle.
3 Gibt es hier einen Park? – Ja, direkt .... ● Kindergarten ist ein schöner Park.
4 Entschuldigung, wo finde ich hier ein Taxi? – Gleich hier .... ● Krankenhaus.

5 Max und Carla treffen sich auf der Straße vor ihrem Haus. Ergänzen Sie.

gegenüber ~~vom~~ aus von ... nach

Max: Sag mal, woher kommst du? Ich warte schon.
Carla: Ich komme gerade (1) vom Training. Was ist denn los?
Max: Wir wollten doch einkaufen gehen. Hast du das vergessen?
Carla: Nein, nein, das machen wir sofort. Ich muss nur noch meine Geldbörse (2) .... der Wohnung holen und den Flug (3) .... München .... Berlin buchen.
Max: Kein Problem. Und ich darf meine Tabletten nicht vergessen. Vielleicht gehen wir erst in die Apotheke. Und gleich (4) .... der Apotheke ist der neue Biomarkt, da können wir einkaufen.
Carla: Gut, so machen wir's.

6 Von wo nach wo möchten Sie gerne fahren? Und wie?

Ich möchte gerne von Alaska nach Feuerland mit dem Fahrrad fahren.

....

40 Ich bin seit einem Jahr hier.

Temporale Präpositionen 1: *vor, seit*

ENTDECKEN

A Lesen Sie und unterstreichen Sie *seit* und *vor*.

Metropole Berlin

Immer mehr junge Menschen kommen nach Berlin.

Carlos, 26

Ich komme aus Argentinien und bin Architekt. Seit einem Monat bin ich jetzt hier. Ich habe sofort einen Job gefunden.

Sandra, 31

Ich komme aus Frankreich und arbeite bei Amazon. Ich bin schon seit einem Jahr hier. Meine Kinder gehen in den deutsch-französischen Kindergarten.

Yuna, 28

Ich komme aus Japan. Ich bin Ärztin und ich bin vor zwei Jahren nach Berlin gekommen. Berlin ist toll!

B Lesen Sie A noch einmal und ergänzen Sie.

Seit wann?	seit	Seit einem Monat.
	+ Dativ	.... Jahr.
Wann?	vor	.... Jahren.

C Temporale Präpositionen *seit* und *vor*. Lesen Sie.

- *seit* = Zeitdauer: Beginn in der Vergangenheit, bis heute.
- *vor* = bestimmter Zeitpunkt in der Vergangenheit.
- Nach *seit* und *vor* steht der Dativ.

ÜBEN

1 Unterstreichen Sie *seit* und *vor* und ordnen Sie zu.

1 Seit gestern habe ich Kopfschmerzen.
2 Seit wann hast du das Apartment?
3 Wann hast du den Test denn gemacht?
4 Wann war der Termin?

a Seit einem Jahr.
b Dann geh besser mal zum Arzt!
c Vor einer Stunde. Ich habe ihn ganz vergessen.
d Vor zwei Tagen. Und er war nicht leicht.

2 Ordnen Sie zu.

~~Wir sind seit drei Tagen in Zürich.~~ | Der Test war vor einer Stunde. | Laura studiert seit einem Jahr. | Sie hat vor einem Monat geheiratet.

Seit wann? *Wir sind seit drei Tagen in Zürich.* ....

Wann? ....

3 *seit* oder *vor*? Was ist richtig? Unterstreichen Sie.

1 Seit wann gibt es diese App? – Seit / Vor einem Jahr.
2 Seit wann bist du denn in Wien? – *Seit / Vor* zwei Monaten.
3 Wann ist sie gekommen? – *Seit / Vor* einer Stunde.
4 Seit wann läuft der Film? – *Seit / Vor* einer halben Stunde.
5 Läuft der Film schon lange? – Ja, er hat *seit / vor* einer Stunde angefangen.
6 Seit wann wohnt ihr in Berlin? – *Seit / Vor* einem Monat.

4 Antworten Sie mit *seit* oder *vor*.

1 Seit wann bist du in Berlin?	(● Jahr)	*Seit einem Jahr.*
2 Wann war denn dein Geburtstag?	(● Monat)	....
3 Wann habt ihr angefangen?	(● Stunde)	....
4 Seit wann übst du schon?	(● Woche)	....
5 Wann hatte Emma Prüfung?	(● Monat)	....
6 Seit wann seid ihr verheiratet?	(● Jahr)	....

5 *vor* oder *seit*? Lesen Sie die E-Mail und ergänzen Sie.

Lieber Henri,
ich bin (1) *seit* drei Monaten hier in Zürich. Meine Freundin ist schon (2) .... einem Jahr in die Schweiz gekommen. Wir sind sehr glücklich hier, denn wir haben (3) .... einer Woche eine Wohnung gefunden. Mein Bruder wohnt auch hier, schon (4) .... über zehn Jahren. Er hat (5) .... einem halben Jahr geheiratet. Seine Frau heißt Sara und kommt aus England. (6) .... zwei Monaten haben die beiden ein Baby. Das Baby ist total süß. Und (7) .... einer Woche schläft es auch gut.
Bitte komm uns mal besuchen.
Viele Grüße, Markus

6 Schreiben Sie über drei wichtige Punkte in Ihrem Leben. Benutzen Sie *seit* und *vor*.

Ich habe vor drei Jahren geheiratet. ....

....

41 Ich bleibe bis morgen.

Temporale Präpositionen 2: *bis, ab, von ... an, von ... bis*

ENTDECKEN

A Lesen Sie die E-Mail und unterstreichen Sie die Präpositionen.

Vielen Dank für Ihre E-Mail. Ich bin von Montag, 2.3., bis Freitag, 6.3., nicht im Büro. Ab Montag, 9.3., können Sie mich wieder erreichen.

Mit freundlichen Grüßen
Sabine Schuller

B Lesen Sie A noch einmal und ergänzen Sie.

Bis wann?	bis + Akkusativ ⟶ X	Ich bleibe bis morgen. Bis nächsten Montag.
Ab wann?	ab + Dativ X ⟶	.... Montag können Sie mich erreichen. Ab nächster Woche habe ich Urlaub.
	von ... an + Dativ X ⟶	Von morgen an rauche ich nicht mehr. Von diesem Herbst an lerne ich Deutsch.
Von wann bis wann?	von ... bis X ⟶ X	Ich bin .... Montag .... Freitag nicht im Büro.

C Temporale Präpositionen *bis, ab, von ... an / bis*. Lesen Sie.

- *bis* zeigt einen Endpunkt. Es steht der Akkusativ.
- *ab* = *von ... an:* Beide Präpositionen zeigen einen Startpunkt. Es steht der Dativ.
- *von ... bis* zeigt eine Zeitdauer mit Start- und Endpunkt.

ÜBEN

1 Ordnen Sie zu und unterstreichen Sie die Präpositionen *bis, ab, von ... an* und *von ... bis*.

1 Gehen wir noch in den Biergarten?
2 Wann gehen wir wieder joggen?
3 Wann hat denn die Praxis von Dr. Martin geöffnet?
4 Von April an haben wir nur noch vier Stunden Deutsch pro Woche.

a Ab morgen wieder jeden Tag. Ich will wieder fit sein.
b Oh, schade! Das ist aber wenig!
c Ja, klar. Es ist doch bis 22 Uhr hell.
d Von 8 bis 13 Uhr.

2 Zeigt der Satz einen Beginn (B) oder einen Endpunkt (E)?

1 Sie bleibt bis morgen. E
2 Er hat bis sieben Uhr gearbeitet. ......
3 Ab morgen gehe ich wieder früh ins Bett. ......
4 Ab morgen will sie nur noch Tee trinken. ......

3 *bis* oder *ab*? Was ist richtig? Unterstreichen Sie.

1 Brauchst du das Auto noch? – Ja, ich brauche es noch *bis / ab* Ende des Monats.
2 Ab wann gibt es denn wieder frische Brötchen? – *Ab / Bis* Montag wieder jeden Tag.
3 Heute ist schon Mittwoch. Kannst du denn *bis / ab* Sonntag bleiben? – Nein, leider nicht.
4 Entschuldigung, ab wann fährt die U-Bahn wieder? – *Bis / Ab* morgen fährt sie wieder.
5 Und deine Frau? Bis wann bleibt sie noch in der Firma? – *Bis / Ab* Dezember.
6 Ab wann müsst ihr wieder arbeiten? – *Bis / Ab* Montag.

4 Zeigt der Satz eine Zeitspanne mit oder ohne Ende? Kreuzen Sie an.

1 Unsere Sprechstunde ist von 15 bis 18 Uhr. ☒ mit Ende ○ ohne Ende
2 Von heute an will er mehr Sport machen. ○ mit Ende ○ ohne Ende
3 Wir haben von Montag bis Freitag Deutschkurs. ○ mit Ende ○ ohne Ende

5 Unterstreichen Sie die richtige Präposition.

1 Lernt ihr auch Grammatik? – Ja, von Anfang *an / ab*.
2 Wann ist heute Deutschkurs? – Von sechs *zu / bis* neun Uhr.
3 Musst du dich auf die Prüfung vorbereiten? – Ja, *von / bis* Mittwoch an mache ich ein Prüfungstraining.
4 Und wann sind Ferien? – *Von / Ab* Mitte Juli bis Ende August.

6 Lesen und ergänzen Sie.

~~bis~~ bis von ... an ab von ... bis

www.deutschkurs-blogspass.ch

Unser Deutschkurs macht Spaß. Er läuft noch (1) bis Dezember, dann ist er zu Ende.
(2) ...... Oktober ...... üben wir einmal pro Woche für die Prüfung. Ich habe auch schon eine Prüfungs-App bestellt. (3) ...... morgen lerne ich dann jeden Tag mit der App.
Am Samstag treffen wir uns alle in einer Pizzeria zum Abendessen. Unsere Lehrerin kommt auch. Und wir sprechen nur Deutsch. Das Treffen ist (4) ...... acht ...... zehn Uhr. Ich kann leider nur (5) ...... neun Uhr bleiben. Dann muss ich nach Hause, weil mein Babysitter keine Zeit hat.

7 Und Sie? Was müssen Sie noch tun? Schreiben Sie drei Sätze mit *bis*.

Bis Freitag muss ich arbeiten.

......

42 Ich warte schon über zwei Stunden.

Temporale Präpositionen 3: *über, für, während, zu, in*

ENTDECKEN

A Lesen Sie und unterstreichen Sie die Präpositionen.

B Lesen Sie A noch einmal und ergänzen Sie.

Seit wann?	über + Akkusativ	Ich warte schon .... zwei Stunden.
Wie lange?	für + Akkusativ	Für die nächsten 3 Wochen bin ich in Urlaub.
Wann?	während + Genitiv	Sie schläft während des Fluges.
Wann?	zu + Dativ	.... Mittagessen gibt es Nudeln.
Wann?	in + Dativ	Ich komme in einer Stunde.

C Temporale Präpositionen *über, für, während, zu, in*. Lesen Sie.

- *über* = mehr oder länger als ... Es steht der Akkusativ.
- *für* zeigt eine Zeitdauer in der Zukunft. Es steht der Akkusativ.
- *während* zeigt eine Zeitdauer mit zwei parallelen Aktionen. Es steht der Genitiv.
- *zu* zeigt einen Zeitpunkt. Es steht der Dativ.
- *zu dem* = *zum*, *zu der* = *zur*
- *in* zeigt einen Zeitpunkt in der Zukunft. Es steht der Dativ.

ÜBEN

1 Schreiben Sie Sätze mit *über*.

1 *Der Zug hat über 20 Minuten Verspätung.* (der Zug / + 20 Minuten / Verspätung haben)
2 *Die Fahrt* ....
(die Fahrt / + 1 Stunde / dauern)
3 ....
(ich / + 3 Stunden / auf ihn / gewartet haben)
4 ....
(unser Flugzeug / + 15 Minuten / später starten)

2 **Ergänzen Sie die Tabelle und schreiben Sie Sätze.**

	Wann?	*Wie lange?*	*Wohin?*
1	*im* November	.... zwei Tage	.... Berlin
2	.... Frühling	.... drei Wochen	.... Spanien
3	jetzt	.... eine Stunde	.... Büro
4	.... nächsten Jahr	.... einen Monat	.... Peking

1 Wir fahren *im November für zwei Tage nach Berlin.*
2 Ich fliege ....
3 Swen geht ....
4 Wir gehen ....

3 **So ist Ben. Ergänzen Sie *während* und Artikel + Nomen im Genitiv.**

1 Ben telefoniert schon *während des Frühstücks* (● Frühstück).
2 .... (● Arbeit) träumt er oft.
3 Und .... (● Spaziergang) mit mir hat er nur geredet.

4 ***zum* oder *zur*? Ergänzen Sie.**

1 Möchtest du Brötchen *zum* Frühstück? – Ja, gerne.
2 Ich trinke .... Essen gerne ein Glas Wein. – Ja, ich auch.
3 Und wann kommt das Dessert? – Das kommt erst ganz .... Schluss.
4 Kommen Sie doch bitte nur mit Termin .... Sprechstunde. – Ja, gerne.

5 **Wann kommt sie denn? Schreiben Sie.**

Sie kommt ...

1 *in einer Stunde* (● Stunde). **2** .... (● Jahr). **3** .... (● Monat).

6 **Stefan wartet, ärgert sich und schreibt eine Nachricht an Lena. Ergänzen Sie.**

während | in | ~~über~~ | zum | zum

Hallo Lena, jetzt sitze ich hier schon (1) *über* zwei Stunden und warte auf dich. Du wolltest doch (2) .... Frühstück kommen und jetzt ist es bald Mittag. (3) .... einer Stunde habe ich mich (4) .... Mittagessen mit Günter verabredet. Ich fahre also gleich. Bitte ruf mal an, wenn du Zeit hast. Wir können (5) .... der Busfahrt telefonieren. LG, Stefan

7 **Wann müssen Sie für wie lange wohin? Schreiben Sie zwei Sätze.**

Im Juni muss ich für zwei Tage nach Rom.
....

43 Der Tisch ist aus Glas.

Modale Präpositionen: *aus, für, ohne*

ENTDECKEN

A Lesen Sie und unterstreichen Sie die Präpositionen.

www.1-2-3-moebel.de

Kundenrezensionen ★★★☆☆

Der Tisch ist aus Glas. Er ist sehr schön. Aber er ist nur für vier Personen. Und ohne die Stühle sieht er nicht so gut aus.

B Lesen Sie A noch einmal und ergänzen Sie.

Woraus?	aus	+ Dativ	Der Tisch ist .... Glas. Bücher sind aus Papier.
Für wen?	für	+ Akkusativ	Das Geschenk ist für meinen Vater. Der Tisch ist nur .... vier Personen.
Wie?	ohne	+ Akkusativ	.... die Stühle sieht er nicht so gut aus. Ohne meinen Laptop fahre ich nicht.

C Modale Präpositionen *aus, für, ohne*. Lesen Sie.

- *aus:* Man spricht über Material, man benutzt keinen Artikel: *aus Papier*.
- *für:* Man ordnet etwas zu: *ein Buch für mich*. Es steht der Akkusativ.
- *ohne ≠ mit*: *Mit oder ohne Zucker?* Es steht der Akkusativ.

ÜBEN

1 Was ist das? Unterstreichen Sie *aus* + Nomen und ergänzen Sie.

1 Er ist oft aus Holz. Man braucht ihn, wenn man sitzen möchte. → ● der Stuhl
2 Es ist eckig und aus Papier. Man liest es. → ● ....
3 Sie ist aus Plastik oder aus Papier und man bekommt sie im Supermarkt. → ● ....
4 Sie ist oft aus Glas. In jedem Zimmer hängt oder steht eine. → ● ....

2 Lesen Sie und unterstreichen Sie *aus*. Material oder Ort? Kreuzen Sie an.

1 Sie kommt aus der Schule. ○ Material ☒ Ort
2 Das Haus ist komplett aus Holz. ○ Material ○ Ort
3 Sie geht um acht Uhr aus dem Haus. ○ Material ○ Ort

3 Ergänzen Sie.

~~für mich~~ | für dich | für meine Frau und mich | für deinen Vater

1 Bestellst du bitte noch etwas *für mich*? Ich habe Durst. – Was möchtest du denn? Eine Cola?
2 Kaufst du den Wein ....? – Nein, er trinkt keinen Wein.
3 Ich habe hier ein Geschenk .... Ich hoffe, du magst es. – Danke.
4 Hätten Sie noch einen Tisch ....? – Tut mir leid, die Tische sind alle reserviert.

4 Das muss ich noch alles kaufen. Schreiben Sie und benutzen Sie *für* + Akkusativ.

1 ● Fernseher → ● Ferienhaus — *Einen Fernseher für mein Ferienhaus.*
2 ● Flugticket → ● Reise nach Mallorca — ....
3 ● Lampe → ● Büro — ....
4 ● Mikrowelle → ● Küche — ....
5 ● Drucker → ● Computer — ....

5 Ordnen Sie zu.

1 Essen wir das Eis — a mit oder ohne Zucker?
2 Trinken Sie den Kaffee — b mit oder ohne Sahne?
3 Möchten Sie die Cola — c mit oder ohne Zitrone?

6 Lesen Sie die Postkarte. *mit* oder *ohne*? Was ist richtig? Ergänzen Sie.

Liebe Steffi,
Struppi und ich sind jetzt in München. Du weißt ja, (1) ohne meinen Hund fahre ich nie. Gestern Abend wollte ich in einem französischen Restaurant essen. Aber (2) .... Reservierung war das nicht möglich, deshalb bin ich in eine Pizzeria gegangen. Ich habe Pizza (3) .... Salami gegessen. Hm, das hat gut geschmeckt! Mein Hotel ist sehr schön, (4) .... Sauna und Bar. Und es ist gar nicht so teuer. Für die Übernachtung (5) .... Frühstück zahle ich weniger als hundert Euro. Aber das Frühstück ist sehr einfach. München ist toll! Vielleicht die schönste Stadt der Welt!
Liebe Grüße aus der Weltstadt (6) .... Herz!
Dein Zoran

7 Wie trinken Sie Kaffee oder Tee? *Mit* ... oder *ohne* ...? Schreiben Sie.

Ich trinke Tee mit Milch.

44 Heute gehe ich in den Deutschkurs.

Verb auf Position 2

ENTDECKEN

A Lesen Sie und unterstreichen Sie *ich* und *gehe*.

B Lesen Sie A noch einmal und ergänzen Sie.

		2			Ende
Aussagesatz	...... Heute Gleich	gehe gehe muss	 ...... ich	heute in den Deutschkurs. in den Deutschkurs. noch in den Supermarkt	 gehen.
W-Frage	Wann	bist	du	ins Kino	gegangen?
Ja- / Nein-Frage		Hast	du	Vokabeln	gelernt?
Imperativ		Geh		bitte	einkaufen!

C Der Satz. Lesen Sie.

- Das konjugierte Verb steht immer auf Position 2. Infinitive und das Partizip Perfekt stehen am Ende des Satzes.
- Das Subjekt steht vor oder nach dem Verb.

ÜBEN

1 Ich bin Verkäuferin im Elektrik-Markt. Sortieren Sie und schreiben Sie Sätze.

1 ich / Fernseher / verkaufen **2** arbeiten / ich / im Team **3** beraten / ich / die Kunden

	2			Ende
1 *Ich*	*verkaufe*		*Fernseher.*	
2	......	......	......	......
3	......	......	......	......

2 Ergänzen Sie die Tabelle mit den Sätzen aus 1.

	2			Ende
1 Seit einem Jahr	verkaufe	ich	Fernseher.	
2 Oft				
3 Meistens				

3 Ihre Bewerbung. Schreiben Sie die Sätze aus 1 im Perfekt.

	2			Ende
1 Bei Elektrik-Markt	habe	ich	Fernseher	verkauft.
2				
3				

4 Das muss ich tun. Schreiben Sie die Sätze aus 1 mit dem Verb *müssen*.

	2			Ende
1 Bei Elektrik-Markt	muss	ich	Fernseher	verkaufen.
2				
3				

5 Viel zu tun! Schreiben Sie Sätze.

1 Du musst jetzt aufstehen. – Ja, sicher. Ich stehe sofort auf.
2 Du solltest die Heizung anmachen. – Ja, klar. ……
3 Du musst die Wohnung aufräumen. – Kein Problem. ……
4 Du musst die Kinder abholen. – Aber ja. ……

6 Im Deutschkurs. Schreiben Sie Fragen.

1 die Vokabeln lernen — Hast du die Vokabeln gelernt?
2 die Texte lesen ……
3 die Hausaufgaben machen ……
4 die Übung verstehen ……
5 die Grammatik wiederholen ……

7 Sprechen Sie mit anderen Deutschlernern. Schreiben Sie zwei Fragen im Perfekt.

Hast du die Grammatik verstanden?

……

45 Ich lerne Deutsch, weil es Spaß macht.

Hauptsatz + kausaler Nebensatz: *weil*

ENTDECKEN

A Lesen Sie und unterstreichen Sie *weil*.

Warum Deutsch?

Ich lerne Deutsch, ...

... weil über 100 Millionen Menschen Deutsch als Muttersprache sprechen.
... weil mir deutsche Bücher gefallen.
... weil es wichtig für den Job und die Karriere ist.
... weil Deutschland, Österreich und die Schweiz so schöne Länder sind.
... weil es Spaß macht.

B Lesen Sie A noch einmal und ergänzen Sie.

	Hauptsatz	Nebensatz
Warum?	Ich lerne Deutsch,	.... es Spaß macht.
	Ich bin hier,	weil ich Deutschland mag.
	Ich lerne viel,	weil ich die A2-Prüfung bestehen möchte.

			2		Ende
Ich lerne Deutsch.		Ich	mag	Deutschland.	
Ich lerne Deutsch,	weil	ich		Deutschland	mag.

C Der Konnektor *weil*. Lesen Sie.

- *weil* verbindet zwei Sätze: Hauptsatz und Nebensatz.
- Mit *weil* antwortet man auf *Warum?* und nennt einen Grund: *Warum? – Weil es Spaß macht.*
- Im Nebensatz steht das Verb am Ende.

ÜBEN

1 Schreiben Sie.

◆ W4rum kommst du n1cht? — *Warum kommst du nicht?*
○ 1ch komm3 n1cht, w31l 1ch gl31ch 31n3n T3rm1n h4b3. ....
◆ W4rum l3rnst du d3nn D3utsch? ....
○ 1ch l3rn3 D3utsch, w31l 3s Sp4ß m4cht. ....

2 Ergänzen Sie das Verb im Nebensatz.

1 Ich lerne Deutsch. Meine Freundin <u>ist</u> in Deutschland. → Ich lerne Deutsch, weil meine Freundin in Deutschland *ist*.
2 Ich mache einen Deutschkurs. Ich <u>brauche</u> Deutsch im Büro. → Ich mache einen Deutschkurs, weil ich Deutsch im Büro ....
3 Wir lernen Grammatik. Das <u>ist</u> wichtig. → Wir lernen Grammatik, weil das wichtig ....

3 Ordnen Sie zu. Unterstreichen Sie die Verben in der rechten Spalte.

1 Karen fährt zum Flughafen.
2 Sie freut sich.
3 Sie muss lange warten.
4 Sie geht ins Café und trinkt eine Cola.

a Sie hat ihre Freundin lange nicht gesehen.
b Ihre Freundin aus Boston <u>kommt</u> heute.
c Sie hat Durst.
d Das Flugzeug hat Verspätung.

4 Verbinden Sie die Sätze in 3 mit *weil* und schreiben Sie.

Karen fährt zum Flughafen, weil ihre Freundin aus Boston heute kommt.

....

....

5 Warum stehen Sie nicht auf? Antworten Sie mit *weil*.

~~Ich bin zu müde.~~ | Es regnet heute. | Mein Job ist langweilig. | Ich bin so spät ins Bett gegangen. | Ich habe heute keine Arbeit. | Es ist hier so schön warm.

Ich stehe nicht auf,

1 *weil ich zu müde bin.*
2 ....
3 ....
4 ....
5 ....
6 ....

6 Sortieren und schreiben Sie Sätze mit *weil*.

1 haben / sie / einen Termin — Sie kann nicht kommen, *weil sie einen Termin hat.*
2 aus Japan / seine Freundin / kommen — Er freut sich, ...
3 wichtig / sein / Deutsch — Wir gehen in den Kurs, ...
4 brauchen / ich / Geld — Ich arbeite viel, ...
5 schon wieder / regnen / es — Ich nehme das Auto, ...

7 Und Sie? Warum lernen Sie Deutsch? Schreiben Sie einen Satz mit *weil*.

Ich lerne Deutsch, weil ich in Wien leben möchte.

....

46 Wir nehmen den Zug, wenn es schneit.

Hauptsatz + konditionaler Nebensatz: *wenn*

ENTDECKEN

A **Lesen Sie, unterstreichen Sie *wenn* und ordnen Sie die Bilder zu.**

A

B

C

1 B Er fährt mit dem Motorroller, wenn das Wetter schön ist.
2 ...... Sie nimmt das Fahrrad, wenn sie Zeit hat.
3 ...... Wir nehmen den Zug, wenn es schneit.

B **Lesen Sie A noch einmal und ergänzen Sie.**

Hauptsatz	Nebensatz
Er fährt mit dem Motorroller,	...... das Wetter schön ist.
Wir nehmen den Zug,	...... es schneit.
Komm doch am Sonntag,	wenn du Zeit hast.

			2		Ende
Er fährt mit dem Motorroller.		Das Wetter	ist	schön.	
Er fährt mit dem Motorroller,	wenn	das Wetter		schön	ist.

C **Der Konnektor *wenn*. Lesen Sie.**

- *wenn* verbindet zwei Sätze: Hauptsatz und Nebensatz.
- Mit *wenn* beschreibt man eine Bedingung oder zeitliche Verbindung: ..., *wenn er Zeit hat*.
- Im Nebensatz steht das Verb am Ende.

ÜBEN

1 **Lesen Sie, ordnen Sie zu und unterstreichen Sie *wenn* und das Verb im Nebensatz.**

1 Schreib mir bitte, wenn du Zeit hast. — e
2 Ich komme, wenn ich nicht arbeiten muss.
3 Wann kann ich die Prüfung machen?
4 Fragt bitte, wenn ihr etwas nicht versteht!
5 Das Auto hier ist super!

a Super, ich freue mich auf deinen Besuch!
b Sie können sie machen, wenn der Kurs zu Ende ist.
c Okay, das machen wir.
d Ja, wir können es kaufen, wenn ich den Job habe.
e Ja klar, das mache ich.

2 In unserem Deutschkurs. Ergänzen Sie das Verb im Nebensatz.

1 Ich lerne die Grammatik. Wir schreiben einen Test.
→ Ich lerne die Grammatik, wenn wir einen Test schreiben.

2 Wir bringen unsere Bücher mit. Wir haben Deutschkurs.
→ Wir bringen unsere Bücher mit, wenn wir Deutschkurs ....

3 Wir hören zu. Der Lehrer stellt Fragen.
→ Wir hören zu, wenn der Lehrer Fragen ....

4 Wir suchen die Wörter im Wörterbuch. Wir verstehen sie nicht.
→ Wir suchen die Wörter im Wörterbuch, wenn wir sie nicht ....

5 Wir machen die Hausaufgaben. Die Lehrerin gibt uns welche.
→ Wir machen die Hausaufgaben, wenn die Lehrerin uns welche ....

3 Ergänzen Sie die Sätze.

die Sonne scheint | ~~ich habe viel Hunger~~ | ich habe Durst | ich bin müde

1 Ich esse gerne Spaghetti, wenn ich viel Hunger habe.
2 Ich bleibe lieber im Bett, ...
3 Ich trinke viel Wasser, ...
4 Ich fahre oft mit dem Fahrrad ins Büro, ...

4 Probleme im Hotel. Ergänzen Sie.

1 Sie finden das Zimmer nicht?
Fragen Sie bitte an der Rezeption, wenn Sie das Zimmer nicht finden.

2 Die Handtücher sind schmutzig?
Fragen Sie das Personal, ...

3 Das Restaurant im Hotel ist geschlossen?
Gehen Sie ins Café nebenan, ...

5 Schreiben Sie Sätze mit *wenn*.

1 Ich spiele Tennis. → Mein Arm tut weh. Mein Arm tut weh, wenn ich Tennis spiele.
2 Ich bin im Urlaub. → Ich lese gerne. ....
3 Ich arbeite zu viel. → Ich bin sehr müde. ....
4 Ich lerne Vokabeln. → Ich habe Kopfweh. ....
5 Ich mache viel Sport. → Es geht mir gut. ....

6 Wann sind Sie traurig oder froh? Schreiben Sie zwei Sätze.

Ich bin traurig, wenn ich meine Eltern nicht besuchen kann.
Ich freue mich, wenn ....

47 Es tut mir leid, dass ich zu spät komme.

Hauptsatz + Nebensatz: *dass*

ENTDECKEN

A Lesen Sie und unterstreichen Sie *dass* und das Verb im Nebensatz.

Ja, es ist wichtig, dass Sie gut Deutsch sprechen.

Es ist wichtig, dass ihr die Wörter lernt.

Ich freue mich, dass ich Sie treffe.

B Lesen Sie A noch einmal und ergänzen Sie.

Hauptsatz	Nebensatz
Es ist wichtig,	.... Sie gut Deutsch sprechen.
Es tut mir leid,	dass ich zu spät komme.
Ich finde es gut / schlecht,	dass du so viel arbeitest.
Ich bin froh,	dass du da bist.
Ich freue mich,	.... ich Sie treffe.
Sie sagt,	dass sie morgen kommt.
Wir hoffen,	dass es Ihnen gut geht.
Schön,	dass du eine Wohnung hast.
Schade,	dass sie kein Geld hat.

			2		Ende
Es ist wichtig.		Sie	sprechen	gut Deutsch.	
Es ist wichtig,	dass	Sie		gut Deutsch	sprechen.

C Der Konnektor *dass*. Lesen Sie.

- *dass* verbindet zwei Sätze: Hauptsatz und Nebensatz.
- *dass* steht oft nach Verben wie *sagen, denken, …* und *Es ist wichtig, … Ich bin froh, …*
- Im Nebensatz steht das Verb am Ende.

ÜBEN

1 Ordnen Sie zu. Unterstreichen Sie *dass* und das Verb im Nebensatz.

1 Tolles Auto!
2 Hallo, hier bin ich!
3 Ich habe schon wieder nichts gewonnen.
4 Vielleicht kommt er noch.
5 Schade, dass du nicht kommen kannst.

a Es tut mir leid, dass du kein Glück hast.
b Ja, aber ich kann heute wirklich nicht.
c Ich freue mich, dass du hier bist.
d Schön, dass es dir gefällt.
e Ja. Ich hoffe, dass er kommt.

2 Ordnen Sie zu.

~~ich finde es gut~~ | ich hoffe | es tut mir leid | es ist wichtig

1 Und was meinst du? – *Ich finde es gut*, dass du Deutsch lernen möchtest.
2 Wie geht's denn Emma? – ...., dass es ihr gut geht.
3 Warum soll ich den Kurs machen? – ...., dass du gut Deutsch sprichst.
4 Es ist schon 8 Uhr! – ...., dass ich zu spät komme.

3 Ergänzen Sie die Tabelle. Schreiben Sie vier Sätze.

Es ist wichtig, — David heiratet bald.
Ich finde es gut, — Emma verdient viel Geld.
Ich bin froh, — Frau Decker lernt Englisch.
Ich freue mich, — Steffie hat einen guten Job.
Schön, — Karen gefällt die neue Wohnung.

			Ende
Ich freue mich,	*dass*	*David bald*	*heiratet.*

4 Schreiben Sie Sätze.

Was sagt meine Deutschlehrerin?

1 Ein guter Job ist wichtig. — Sie sagt, *dass ein guter Job wichtig ist.*
2 Der Deutschkurs macht Spaß. — Sie sagt, ...
3 Die Grammatik ist nicht schwer. — Sie sagt, ...
4 Morgen beginnt der Kurs schon um 18 Uhr. — Sie sagt, ...

5 Schreiben Sie.

Was tut Ihnen leid? – Es tut mir leid,

1 ich / kommen / zu spät — *dass ich zu spät komme.*
2 keine Zeit / haben / ich — ....
3 sein / so schlecht / das Wetter — ....
4 Pech haben / Carl / so viel — ....

6 Was finden Sie schön / schade? Schreiben Sie zwei Sätze.

Schön, dass bald Frühling ist.

....

48 Weißt du, was das ist?

Indirekte Frage mit Fragewort

ENTDECKEN

A Lesen Sie und unterstreichen Sie *ist*.

B Lesen Sie A noch einmal und ergänzen Sie.

W-Frage	indirekte Frage
Was ist das?	Weißt du, was das ....?
Wer spricht hier gut Deutsch?	Wissen Sie, wer hier gut Deutsch spricht?
Wen habt ihr eingeladen?	Bitte sagt uns, wen ihr eingeladen habt.
Wie heißt die Firma?	Könntest du uns bitte sagen, wie die Firma heißt?
Wem gehört das Geld?	Könnten Sie mir bitte sagen, wem das Geld gehört?
Wo liegt die Stadt?	Ich möchte gerne wissen, wo die Stadt liegt.

	2		Ende
Wie	heißt	die Firma?	
Wissen Sie, wie		die Firma	heißt?

C Indirekte Fragen. Lesen Sie.

- Die indirekte Frage macht eine Frage höflicher und weniger direkt.
- Die indirekte Frage steht nach *Wissen Sie, … Könnten Sie mir bitte sagen, …*
- Weitere Fragewörter sind *wann, wie viele, woher, wohin*: *Weißt du, woher er kommt?*
- Die indirekte Frage besteht aus Fragewort + Nebensatz. Das Verb steht am Ende.

ÜBEN

1 Ergänzen Sie das Verb in der richtigen Form.

1 Bitte *sagen* (sagen) Sie uns …
2 Ich .... (möchten) gerne mal wissen …
3 .... (können) Sie uns bitte sagen …
4 .... (können) du uns bitte sagen …
5 .... (wissen) du vielleicht …
6 .... (wissen) ihr eigentlich …

2 Wohin kommt der Ball? Verbinden Sie.

1 Weißt du, wo ___ die Stadt ___ ? — liegt
2 Wissen Sie vielleicht, wie ___ der neue Chef ___ ? — heißt
3 Ich möchte gerne mal wissen, ___ wir ___ das Treffen haben. — wann
4 Sagt mir doch bitte mal, ___ Lisas Familie ___ kommt? — woher
5 Wisst ihr, wen ___ die Chefin heute sprechen ___ ? — möchte
6 Könntest du uns bitte sagen, ___ die Idee hatte ___ . — wer

3 Noch einmal bitte. Schreiben Sie indirekte Fragen.

1 Wer hatte die Idee? Ich möchte gerne wissen, *wer die Idee hatte.*
2 Wo ist der Kunde jetzt? Wissen Sie, ...
3 Wem verkaufst du das? Sag mir bitte mal, ...
4 Wann können wir liefern? Wissen Sie, ...
5 Wie viele Menschen arbeiten hier? Weißt du, ...
6 Wohin liefern Sie die Produkte? Bitte sagen Sie mir, ...
7 Woher kommt die Ware? Könnten Sie mir bitte sagen, ...

4 Fragen im Bewerbungsgespräch. Fragen Sie indirekt und benutzen Sie verschiedene Einleitungen wie *Sagen Sie uns bitte, Wir möchten gerne wissen* ...

1 Was haben Sie studiert? *Könnten Sie uns bitte sagen, was Sie studiert haben?*
2 Wo haben Sie gearbeitet? ....
3 Wo wohnen Sie? ....
4 Wann können Sie anfangen? ....
5 Wie viel verdienen Sie jetzt? ....
6 Woher kennen Sie unsere Firma? ....

5 Was möchten Sie über Ihre Kollegin / Ihren Kollegen wissen? Schreiben Sie indirekte Fragen.

Ich möchte gerne wissen, wie viele Kinder du hast.

....

....

49 Es regnet, deshalb nehme ich den Schirm mit.

Hauptsatz + Hauptsatz: *deshalb*

ENTDECKEN

A Lesen Sie und unterstreichen Sie *deshalb* und das Verb im zweiten Hauptsatz.

B Lesen Sie A noch einmal und ergänzen Sie.

Hauptsatz 1	Hauptsatz 2
Ich arbeite noch, Es regnet,	.... komme ich später. deshalb nehme ich den Schirm mit.

			2		
Ich arbeite noch.		Ich	komme		später.
Ich arbeite noch,	deshalb		komme	ich	später.

C Der Konnektor *deshalb*. Lesen Sie.

- *deshalb* verbindet zwei Hauptsätze, so wie *und, aber, oder* und *denn*.
- Man benutzt *deshalb*, wenn man eine Konsequenz nennt:
  Ich arbeite noch, deshalb komme ich später.
- Vergleichen Sie mit *weil* (siehe 45): *Ich komme später, weil ich noch arbeite* (= Grund).
- Das Verb bleibt auf Position 2. Das Subjekt steht hinter dem Verb.

ÜBEN

1 Suchen Sie noch vier weitere Konnektoren und schreiben Sie.

H	C	D	U	U
N	D	E	N	N
O	T	S	M	D
D	X	H	S	X
E	N	A	C	T
R	C	L	H	N
I	A	B	E	R

deshalb
....
....
....
....

2 Ordnen Sie zu.

1 Ich brauche Excel im Büro.
2 Sein Englisch muss besser werden.
3 Unsere Wohnung ist zu klein.
4 Unser Lehrer hat einen neuen Job in Berlin.
5 Mein Smartphone ist kaputt.
6 Englische Bücher sind teuer hier.
7 Im Deutschkurs sehen wir gerne Filme.
8 Unser Kurs geht bald zu Ende.

a Sie kauft E-Books im Internet.
b Wir brauchen viele Videos.
c Er macht in England Urlaub.
d Ich lasse es reparieren.
e Wir suchen ein Haus mit Garten.
f Ich besuche einen Kurs.
g Wir planen eine Party.
h Wir bekommen einen neuen Lehrer.

3 Verbinden Sie die Sätze in 2 mit *deshalb*.

1 Ich brauche Excel im Büro, *deshalb besuche ich einen Kurs.*
2 Sein Englisch muss besser werden, ……
3 Unsere Wohnung ist zu klein, ……
4 Unser Lehrer hat einen neuen Job in Berlin, ……
5 Mein Smartphone ist kaputt, ……
6 Englische Bücher sind teuer hier, ……
7 Im Deutschkurs sehen wir gerne Filme, ……
8 Unser Kurs geht bald zu Ende, ……

4 *weil* oder *deshalb*? Ergänzen Sie.

1 Warum kommst du nicht? – *Weil* ich krank bin.
2 Bist du krank? – Ja, *deshalb* komme ich nicht.
3 Wohnst du in der Schweiz? – Ja, …… lerne ich ja auch Deutsch.
4 Und warum lernst du Deutsch? – …… ich in der Schweiz wohne.
5 Wo ist denn Clara? Muss sie lernen? – Genau! …… kommt sie heute nicht.
6 Warum kommt Clara nicht? – …… sie lernen muss.
7 War wieder ein Stau auf der Autobahn? – Ja, …… bin ich zu spät.
8 Warum bist du schon wieder zu spät? – …… ein Stau auf der Autobahn war.

5 Was machen Sie gerne? Schreiben Sie zwei Sätze mit *deshalb*.

Ich lese gerne, deshalb kaufe ich E-Books.

……

……

50 Ich koche, dann gehen wir ins Kino.

Hauptsatz + Hauptsatz: *dann*

ENTDECKEN

A **Lesen und unterstreichen Sie *dann* und das Verb im zweiten Hauptsatz.**

Ich koche erst, dann gehen wir ins Kino.

Wir machen erst Aufgabe 1, dann lesen wir den Text.

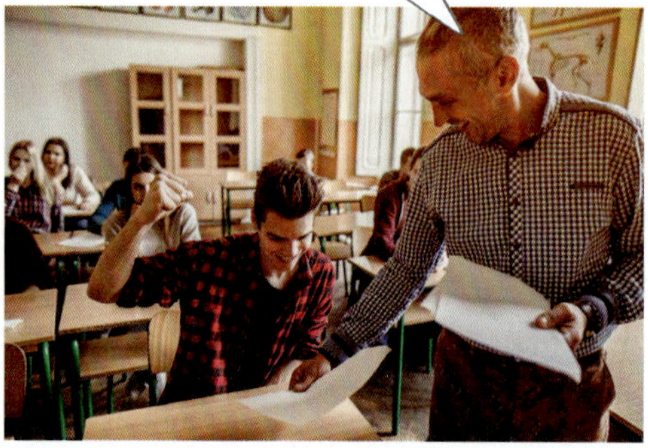

B **Lesen Sie A noch einmal und ergänzen Sie.**

Hauptsatz 1	Hauptsatz 2
Ich koche erst,	.... gehen wir ins Kino.
Ich muss noch schnell zur Post,	dann komme ich.
Wir machen erst Aufgabe 1,	dann (machen wir) Aufgabe 2.

			2		
Ich koche erst.		Wir	gehen		ins Kino.
Ich koche erst,	dann		gehen	wir	ins Kino.

C **Der Konnektor *dann*. Lesen Sie.**

- *dann* verbindet zwei Hauptsätze.
- *dann* zeigt, dass man eine Sache nach der anderen macht: *Wir machen erst Aufgabe 1, dann Aufgabe 2.*
- Das Verb bleibt auf Position 2. Das Subjekt steht hinter dem Verb.

ÜBEN

1 **Evas Tag. Ordnen Sie zu und unterstreichen Sie *dann* und das Verb im zweiten Hauptsatz.**

1 Morgens trinkt sie Tee und isst Toast,
2 Erst nimmt sie die U-Bahn,
3 Sie arbeitet ein paar Stunden,
4 Nach der Arbeit kauft sie ein,
5 Am Abend geht sie ins Fitness-Studio,

a dann geht sie ins Bett und schläft.
b dann trifft sie eine Freundin.
c dann den Bus.
d dann fährt sie ins Büro.
e dann macht sie Pause.

2 Im Deutschkurs. Verbinden Sie die Sätze mit *dann* und schreiben Sie sie in die Tabelle.

1 Erst kontrollieren wir die Hausaufgaben.	Wir schreiben einen Text.
2 Erst lesen wir die Geschichte.	Die Lehrerin stellt Fragen.
3 Erst hören wir den Dialog.	Wir sprechen nach.
4 Erst machen wir die Übungen.	Wir prüfen sie.
5 Erst lesen wir die Fragen.	Wir sehen den Film.

			2		
1	*Erst kontrollieren wir die Hausaufgaben,*	*dann*	*schreiben*	*wir*	*einen Text.*
2	....	....	....	....	....
3	....	....	....	....	....
4	....	....	....	....	....
5	....	....	....	....	....

3 *dann* oder *deshalb*? Lesen Sie den Blog und ergänzen Sie.

www.studis-online.at

Wir schreiben nächste Woche einen Test, (1) *deshalb* bin ich super nervös. Wer möchte mit mir lernen? Wir können nachmittags zusammen lernen, (2) .... können wir spazieren gehen oder kochen. Ich brauche dringend Hilfe, (3) .... schreibe ich. Bitte antwortet per E-Mail, (4) .... können wir uns treffen.
Hier meine Adresse: julian-blau@netline.at

4 *denn* oder *dann*? Ergänzen Sie.

1. Ich möchte gerne ein Tablet, *denn* einen Laptop habe ich schon.
2. Ich muss erst in den Deutschkurs, ... gehe ich ins Fitness-Studio.
3. Du musst hier klicken, ... siehst du die Daten.
4. Anna kann nicht kommen, ... sie ist krank.
5. Gehen Sie bitte rechts, ... links in die Goethestraße.
6. Ich muss noch schnell zur Bank, ... komme ich.
7. Bitte wiederholen Sie das, ... ich habe Sie nicht verstanden.
8. Ich muss noch kurz telefonieren, ... gehen wir.
9. Fahren Sie hier immer geradeaus, ... kommen Sie direkt auf den Marienplatz.
10. Machen Sie bitte die Übungen 1 bis 3, ... machen wir eine kleine Pause.

5 Was machen Sie heute noch? Schreiben Sie drei Sätze.

Ich gehe ich ins Büro, dann ....

....

51 Doch, aber ich habe keinen Hunger.

Antworten auf Ja- / Nein-Fragen

ENTDECKEN

A Lesen Sie und unterstreichen Sie *nicht* und *doch*.

B Lesen Sie A noch einmal und ergänzen Sie.

Kommen Sie morgen?	☺ Ja, ich komme um drei Uhr. ☹ Nein, ich kann leider nicht.
Schmeckt euch das Essen nicht?	☺ ...., aber ich habe keinen Hunger mehr. ☹ Nein, es ist mir zu scharf.
Haben Sie keine Zeit?	☺ Doch. ☹ Nein, leider nicht.

C Antworten auf Ja- / Nein-Fragen. Lesen Sie.

- Eine Frage ohne Fragewort beantwortet man mit *ja* (☺) oder *nein* (☹). Diese Fragen sind postiv: *Schmeckt euch das Essen? – Ja, es schmeckt gut. / Nein, es ist kalt.*
- In einer negativen Frage steht *nicht* oder *kein*. Man beantwortet sie mit *doch* (☺) oder *nein* (☹): *Schmeckt euch das Essen nicht? – Doch, es schmeckt gut. / Nein, es ist kalt.*

ÜBEN

1 Sind die Fragen positiv ☺ oder negativ ☹? Ergänzen Sie die Smileys.

☺ **1** Darf ich Sie zu einem Kaffee einladen? – Nein, danke. Ich habe jetzt einen Termin.
.... **2** Hast du keine Kinder? – Doch, ich habe eine Tochter und einen Sohn.
.... **3** Schmeckt die Suppe nicht? – Nein, nicht wirklich.

2 Unterstreichen Sie *nicht, kein-* und *doch* und ordnen Sie zu.

1 Hast du denn heute keine Zeit?
2 Kommst du nicht zur Party?
3 Kommst du nicht ins Fitness-Studio?
4 Hast du kein Auto?

a Doch, ich muss dringend wieder trainieren.
b Doch, ich möchte mal wieder tanzen.
c Doch, ich komme um sieben Uhr.
d Doch, es steht in der Garage.

3 Antworten Sie mit *ja* oder *doch*.

1 Sind Sie schon lange in München? Ja.
2 Sind Sie nicht Arzt von Beruf? ....
3 Haben Sie noch keine Wohnung gefunden? ....
4 Fühlen Sie sich gut hier? ....
5 Haben Sie keine Familie? ....
6 Sprechen Sie Englisch? ....

4 Ordnen Sie zu.

1 Hast du keinen Hunger?
2 Lernen Sie Deutsch?
3 Wohnen Sie nicht in Berlin?
4 Haben Sie denn kein Auto?
5 Sind Sie nicht Frau Müller?
6 Gehen Sie gerne ins Theater?

a Ja, wir gehen oft, meine Tochter und ich.
b Doch, seit einem Jahr wohne ich hier.
c Doch, aber es steht in der Garage.
d Ja, schon seit zwei Monaten.
e Doch, ich bin sehr hungrig.
f Nein, mein Name ist Schulz.

5 Lesen Sie den Blog. Welche Antwort ist richtig? Kreuzen Sie an.

www.leben-in-spanien.de/bloglife

Ich heiße Nina und wohne jetzt in Madrid. Ich bin vor einem halben Jahr nach Madrid gekommen. Ich arbeite als Architektin und bin oft auf Baustellen. Der Job macht Spaß. Ich komme aus Berlin. Da habe ich in einer Sprachschule Spanisch gelernt. Ich spreche schon ganz gut und verstehe fast alles. Manchmal bin ich ein bisschen traurig. Meine Freunde und meine Familie sind in Berlin. Und hier in Madrid bin ich ganz allein.

1	Wohnt Nina in Barcelona?	○ ja	☒ nein	○ doch
2	Arbeitet sie nicht als Architektin?	○ ja	○ nein	○ doch
3	Macht ihr der Job Spaß?	○ ja	○ nein	○ doch
4	Kann Nina kein Spanisch?	○ ja	○ nein	○ doch
5	Versteht Nina schon viel?	○ ja	○ nein	○ doch
6	Ist Nina immer glücklich?	○ ja	○ nein	○ doch

6 Schreiben Sie Fragen und antworten Sie mit *ja, nein* oder *doch*.

1	heute / Hast / Zeit? / du	Hast du heute Zeit?	☺	Ja.
2	mit ins Restaurant Roma? / du / Kommst	....	☹	....
3	auf Italienisch? / du / Hast / keine Lust	....	☺	....
4	du / Gehst / ins Restaurant Roma? / nicht gerne	....	☹	....

7 Stellen Sie zwei negative Fragen und antworten Sie mit *doch* oder *nein*.

Lernen Sie nicht Deutsch? – Doch, ich lerne Deutsch.

....

52 Erzählen Sie mal!

Modalpartikel

ENTDECKEN

A Lesen Sie und unterstreichen Sie *mal* und *denn*.

B Lesen Sie A noch einmal und ergänzen Sie.

mal → *macht Bitten freundlicher*	
Erzählen Sie bitte!	Erzählen Sie bitte ....!
Hör bitte zu!	Hör mal bitte zu!
denn → *macht Fragen freundlicher*	
Was machen Sie so?	Was machen Sie .... so?
Wie heißt du?	Wie heißt du denn?

C *mal* und *denn*. Lesen Sie.

- *mal* und *denn* haben keine richtige Bedeutung. Aber sie machen Bitten (Imperative) und Fragen freundlicher und höflicher: *Hör mal bitte! Wie geht's dir denn?*
- Die Position von *mal* und *denn* ist flexibel. Sie stehen oft nach dem Verb und dem Personalpronomen. *mal* kann vor oder nach *bitte* stehen.

ÜBEN

1 Im Deutschkurs. Lesen Sie und unterstreichen Sie *mal* und *denn*.

1 Gib mir bitte mal dein Wörterbuch!
2 Kommt mal bitte nach vorne!
3 Lies mal bitte den Text!
4 Jetzt bilden Sie mal Gruppen!
5 Wo ist denn dein Buch, Peter?
6 Wer hat denn die Übung gemacht?
7 Warum sagst du denn nichts, Lisa?
8 Haben wir denn keine Zeit mehr?

2 Wo steht *mal*? Machen Sie einen Pfeil. Es gibt mehrere Möglichkeiten.

1 Hören Sie ↓ bitte ↓ zu !
2 Steh bitte auf !
3 Kommen Sie bitte rein !
4 Machen Sie bitte das Licht aus !
5 Macht bitte die Fenster zu !
6 Komm bitte her !

3 **Im Bewerbungsgespräch. Machen Sie die Sätze freundlicher und schreiben Sie sie mit *mal*. Es gibt mehrere Möglichkeiten.**

1 Erklären Sie bitte! *Erklären Sie bitte mal!*
2 Erzählen Sie bitte etwas über sich! ……
3 Sagen Sie bitte, woher Sie kommen! ……
4 Lesen Sie bitte unsere Webseite! ……

4 **Wo steht *denn*? Kreuzen Sie an und ordnen Sie zu.**

1 Wohin ○ gehst du ⊗ ? — b
2 Haben Sie die Schuhe ○ auch in Schwarz ○ ?
3 Was ○ machst du ○ ?
4 Bist du ○ schon ○ müde?

a Ja, ich gehe ins Bett.
b Ich gehe zur Bäckerei.
c Ich sehe mal nach.
d Ich fahre in die Stadt.

5 **Schreiben Sie Fragen mit *denn*.**

1 *Wie heißt du denn?* (heißen – du – wie)
2 …… (arbeiten – Sie – wo)
3 …… (Kinder haben – Sie)
4 …… (möchten – Sie – wohin)
5 …… (in den Kurs – kommen – Sie)

6 ***mal* oder *denn*? Ergänzen Sie.**

1 Geben Sie mir bitte *mal* den Schlüssel! – Ja, hier bitte.
2 Warum hast du …… keine Zeit mehr? – Ich muss noch lernen.
3 Warum sagen Sie …… nichts mehr, Frau Müller? – Moment, ich schreibe noch.
4 Kommen Sie …… bitte hierher! – Ja, gerne.
5 Lies …… bitte die Übung vor! – Ja, sofort.
6 Kommst du …… nächste Woche auch nicht? – Nein, wahrscheinlich nicht.
7 Jetzt arbeiten wir bitte …… zu zweit! – Und welche Übung machen wir?
8 Lass uns …… etwas zusammen machen! – Aber ja, gerne!
9 Wo ist …… deine Schwester heute? – Sie bleibt zu Hause, weil sie Kopfschmerzen hat.
10 Wer hat …… auch die Aufgabe 5 gemacht? – Ich nicht.

7 **Typisch Chefin, typisch Lehrer. Schreiben Sie zwei Sätze mit *mal*.**

Chefin: *Kommen Sie mal bitte in mein Büro!*
Lehrer: *Lest bitte mal den Text auf Seite 9!*
……
……

53 Der Regenschirm

Komposita: Nomen + Nomen

ENTDECKEN

A Zwei Bilder und wir bekommen ein neues Wort. Welches? Ergänzen Sie.

Regen | Apfel | ~~tür~~

Haus *tür*

.........schirm

.........baum

B Ergänzen Sie die Artikel.

Nomen 1		Nomen 2	neues Nomen
Apfel	+	Baum	→ ● *der* Apfelbaum
Obst	+	Baum	→ ● .... Obstbaum
Lehrer	+	Zimmer	→ ● .... Lehrerzimmer
Kinder	+	Zimmer	→ ● .... Kinderzimmer
Haus	+	Tür	→ ● .... Haustür
Garten	+	Tür	→ ● .... Gartentür

C Komposita. Lesen Sie.

- Man kann aus zwei Nomen neue Wörter bilden: Nomen 1 + Nomen 2 = Kompositum.
- Nomen 2 ist das Grundwort, Nomen 1 gibt mehr Informationen: *Kinderzimmer = Zimmer für die Kinder.*
- Man benutzt den Artikel von Nomen 2 für das Kompositum: *die Kinder + das Zimmer = das Kinderzimmer.*
- Man bildet den Plural mit Nomen 2: *der Apfelbaum – die Apfelbäume.*
- Beim Sprechen betont man den ersten Teil des Kompositums: *die Kinderzimmer.*

ÜBEN

1 Freizeit und Reisen. Ergänzen Sie die Nomen.

● ~~Reise~~ | ● Fest | ● Apparat | ● See | ● Karte | ● Instrument | ● Stuhl | ● Stück

1 die Welt*reise*
2 das Stadt.........
3 der Berg.........
4 der Foto.........
5 das Theater.........
6 das Musik.........
7 die Post.........
8 der Garten.........

2 **Hmm, das ist lecker! Welche neuen Wörter bekommen wir?**

1 ● Apfel + ● Kuchen *der Apfelkuchen*

5 ● Tomaten + ● Saft ....

2 ● Käse + ● Brötchen ....

6 ● Bananen + ● Eis ....

3 ● Milch + ● Kaffee ....

7 ● Butter + ● Brot ....

4 ● Gemüse + ● Suppe ....

8 ● Obst + ● Salat ....

3 **Im Restaurant. Bilden Sie so viele Wörter wie möglich.**

Getränke Kartoffel Wein Speise Kaffee Hähnchen Fisch Wasser Bier Tomaten

● Karte ● Flasche ● Salat ● Suppe ● Glas ● Eis ● Tasse

die Getränkekarte

....

4 **In der Schule. Wie heißen die Wörter?**

1 Das Buch benutzen wir im Kurs. *das Kursbuch*
2 Das ist das Zimmer für die Lehrer. ....
3 Die Liste ist hinten im Buch. Da findet man die Wörter. ....
4 Das Buch erklärt viele deutsche Wörter. ....

5 **In der Stadt. Ergänzen Sie den Plural.**

1 Hat Berlin mehrere *Marktplätze* (Marktplatz)? – Ja, ich glaube schon.
2 Kannst du die .... (Hausnummer) auf der rechten Seite lesen? – Nein, leider nicht.
3 Große .... (Busbahnhof) gibt es heute in den meisten Städten. – Wirklich?
4 Gibt es in Deutschland .... (Modemesse)? – Ja, in Düsseldorf und Berlin.

6 **Bilden Sie mit den Wörtern *Arzt*, *Schrank* und *Reise* neue Komposita.**

der Zahnarzt

54 Mein Freund und meine beste Freundin

Nominalisierung mit *-er*, *-in* und *-ung* und Adjektive mit *un-*

ENTDECKEN

A Lesen Sie und unterstreichen Sie die Nomen mit den Endungen *-er* und *-in*.

www.meinleben-blogging.de

Gestern haben sich mein Freund und meine beste Freundin kennengelernt. Sie sind beide Lehrer. Sie ist Yogalehrerin und er ist Lehrer an einer Schule. Ich bin froh, dass sie sich sympathisch finden.

B Lesen Sie A noch einmal und ergänzen Sie.

Nomen → Nomen *Personen, Berufe und Nationalitäten*	● Freund ● Chef ● Ausländer	● .... ● Chefin ● Ausländerin	● Kollege ● Architekt	! ● Kollegin ● Architektin
	● Schweizer ● Österreicher ● Amerikaner	● Schweizerin ● Österreicherin ● Amerikanerin	● Pole ● Deutsche ● Franzose	! ● Polin ! ● Deutsche ! ● Französin
Verb → Nomen *Dinge*	~~senden~~ + *-ung* ~~wohnen~~ + *-ung*	→ ● Sendung → ● Wohnung		
Verb → Nomen *Personen*	~~fahren~~ + -er ~~gewinnen~~ + -er	→ ● Fahrer → ● Gewinner		
Adjektiv → Adjektiv	☺ freundlich .... glücklich	☹ ⟷ unfreundlich ⟷ unsymphatisch ⟷ unglücklich		

C Wortbildung. Lesen Sie.

- Man kann durch Präfixe (am Wortanfang) und Suffixe (am Wortende) neue Wörter bilden.
- Nomen: Man ergänzt *-in* bei maskulinen Nomen und bekommt die feminine Form: *Freund – Freundin*.
- Verben zu Nomen: Man streicht *-en* und ergänzt *-ung*: *senden – die Sendung*. Der Artikel ist immer *die*.
- Verben zu Nomen: Man streicht *-en* und ergänzt *-er*: *fahren – der Fahrer*. Der Artikel ist immer *der*.
- Adjektive: Man ergänzt *un-* und bekommt so das Gegenteil: *freundlich* ⟷ *unfreundlich*.

ÜBEN

1 Ergänzen Sie die feminine Form.

1 ● Bäcker ● *Bäckerin* 2 ● Kollege ● .... 3 ● Franzose ● ....

2 Bilden Sie Nomen.

1 reinigen *die Reinigung* 2 übernachten .... 3 wohnen ....

3 Ergänzen Sie die Wörter aus 2.

1 Die .... in diesem Hotel ist sehr teuer.
2 Die .... gefällt uns und wir möchten sie mieten.
3 Die Bluse muss in die .... Ich darf sie nicht waschen.

4 Bilden Sie Nomen.

1 spielen *der Spieler* 2 fahren .... 3 gewinnen ....

5 Ergänzen Sie die Nomen aus 4.

1 Kerstin ist jetzt Chefin bei der Bank und hat sogar einen ....
2 Sie spielen schon seit zwei Stunden Karten, aber einen .... gibt es nicht.
3 Jeder .... bekommt drei Karten.

6 Im Deutschkurs. Ergänzen Sie die Adjektive mit *un-*.

1 Die Stühle in unserem Kursraum sind hart und *unbequem* (bequem).
2 Die Grammatikübungen sind manchmal .... (beliebt).
3 Manche Schüler sind leider oft .... (pünktlich).
4 Wenn ich sprechen muss, bin ich immer sehr .... (sicher).

7 So sind Menschen. Mit oder ohne *un-*? Ergänzen Sie.

1 Meine Kollegin hat Probleme mit ihrem Mann. Sie ist sehr *unglücklich* (glücklich).
2 Ich bin gerne hier in Wien. Die Leute sind wirklich sehr .... (freundlich).
3 Evas Freund ist super. Er ist total .... (sympathisch).
4 Also, mein Chef ist schrecklich. Und er ist so .... (freundlich)!

8 Beschreiben Sie Personen mit den Adjektiven aus 6 und 7.

Meine Mutter ist immer freundlich.

....

Lösungen

1 Ich habe das Zimmer aufgeräumt.

A räum auf, habe aufgeräumt
B habe ... aufgeräumt
1 zu↓hören an↓sehen ein↓schlafen aus↓füllen kennen↓lernen
2 2 eingekauft 3 aufgestanden 4 ausgestiegen 5 ausgemacht
3 2 fernsehen 3 auspacken 4 ausgefüllt 5 ansehen 6 zugehört 7 einschlafen 8 anmachen 9 eingestiegen 10 einkaufen
4 2 eingeschlafen 3 eingestiegen 4 ausgefüllt 5 zugehört 6 kennengelernt
5 (2) aufgestanden (3) gefahren (4) eingeschlafen (5) geflogen (6) kennengelernt (7) geübt (8) abgeholt (9) gebracht (10) ausgepackt (11) gegangen (12) getrunken (13) gegessen (14) geschmeckt (15) besichtigt (16) gefahren (17) gesehen (18) eingekauft
6 *Beispiellösung:* Ich habe mich angezogen. Dann bin ich in die U-Bahn eingestiegen. Anschließend habe ich im Supermarkt eingekauft. Zuletzt habe ich meine Wohnung aufgeräumt.

2 War sie nicht blond?

A war, war, hatte
B war hatte
1 2 Wie war es in Berlin? – Schön. Aber wir hatten schlechtes Wetter. 3 Wie war die Party? – Ich weiß es nicht. Ich war nicht da. 4 Warst du im Kino? – Ja, der Film war super! 5 Wo waren Sie im Urlaub? – In Italien. 6 Wart ihr gestern im Kurs? – Nein, wir hatten keine Zeit.
2 (2) war (3) Hattet (4) war (5) hatten
3 2 Früher hatte Emil keinen Job. 3 Früher hatte Emil kein Auto. 4 Früher war Emil nicht verheiratet. 5 Früher hatte Emil keine Kinder. 6 Früher war Emil nicht glücklich.
4 (2) hatte (3) hatte (4) war (5) hatte (6) hatte (7) war (8) hatte (9) hatte (10) war (11) war (12) hatte (13) war (14) hatte (15) war
5 2 warst, war 3 Hattest 4 waren 5 war 6 Hattest 7 war 8 Hatte
6 *Beispiellösung:* Früher war ich oft im Kino. Früher hatte ich viel Zeit. Früher war ich oft im Schwimmbad. Früher hatte ich ein altes Fahrrad.

3 Gestern durfte ich helfen.

A Gestern durfte ich helfen!
B durfte
1 2 Gestern mussten wir ins Büro gehen. 3 Gestern konnten wir nicht lange schlafen. 4 Gestern konnten wir nicht ins Fitness-Studio gehen.
2 2 konnten 3 konnte
3 2 Sie durfte Serien im Fernsehen sehen. 3 Sie durfte spät ins Bett gehen.
4 2 Er sollte Arzt werden. 3 Sie sollte Lehrerin werden.
5 2 Letztes Jahr wollte ich in den Urlaub fahren. 3 Vor einer Woche wollte ich ins Kino gehen.
6 (2) wollten (3) Musstet (4) sollten (5) wollten (6) konnten (7) mussten (8) Durftet (9) durften (10) durften
7 *Beispiellösung:* Ich sollte Ärztin werden.

4 Der FC Bayern spielte gestern gegen Manchester.

A machte, sahen, spielten, gewann
B spielte spielten
1 2 bleiben 3 haben 4 gehen 5 heißen 6 lachen 7 geben 8 treffen
2 regelmäßig: machte, besuchte, arbeitete
unregelmäßig *a*: las, fand, trank, nahm, sah
unregelmäßig *u*: fuhr
unregelmäßig *ie*: lief, schrieb, schlief
3 (2) studierten (3) lebte (4) wohnte (5) lernten (6) machten (7) kauften (8) kochte (9) machten (10) heirateten (11) liebte (12) verdiente (13) machte
4 (2) ging (3) las (4) schrieb (5) schlief (6) trank (7) nahm (8) lief (9) fuhr (10) kam (11) lief (12) sah (13) gab
5 *Beispiellösung:* Der Wolf nahm Tims Hand und lief mit Tim in die Schule. Dort lernte er mit Tim. Am Nachmittag half er Tim bei den Hausaufgaben. Von nun an holte er Tim jeden Tag von der Schule ab und spielte mit ihm.

5 Ich würde gerne viel reisen.

A Zitronella56: würde reisen
luckyme112: würden kaufen
glück&liebe: Würdet ändern, würde machen
B würde würden würdet
1 2d 3e 4b 5a
a würde machen, b würde fernsehen, d würde schlafen, e würde bestellen

2 2 würden 3 würde 4 würden 5 würde 6 würdet
3 2 würde 3 würdet 4 Würden 5 würde 6 würden
4 2 … würdest auch gerne tanzen. 3 … würden auch gerne nach Berlin fahren. 4 … würde / würden auch gerne viel Sport machen.
5 1 würde 2 Würdest, würde 3 Würden, würden 4 Würdet, würden
6 *Beispiellösung:* Wir würden gerne das Oktoberfest besuchen. Ich würde gerne nach Südamerika fliegen.

6 Ich hätte gerne mehr Zeit.

A juliablau: Ich hätte …
unpetitpeu: Dann hättest du …
B hätte hättest
1 2 Ich hätte gerne hundert Gramm Schinken. 3 Wir hätten gerne ein Haus mit Pool. – Ja, das hätte ich auch gerne.
Traum: 3
2 2 Er hätte gerne ein modernes Haus. 3 Er hätte gerne nette Freunde. 4 Er hätte gerne einen schönen Wagen.
3 2 Wir hätten gerne eine Pizza und einen Salat. 3 Ich hätte gerne noch etwas Brot, bitte. 4 Wir hätten lieber den Rotwein.
4 2 Sie hätte lieber einen Hund. 3 Ihr hättet lieber ein Krokodil. 4 Ich hätte lieber ein Pony. 5 Sie hätten lieber Vögel. 6 Du hättest lieber Fische.
5 2 Ich hätte gerne ein schönes Haus. 3 Du würdest gerne nach Griechenland fahren. 4 Ich hätte gerne viel Zeit.
6 (2) würde (3) würde (4) würde (5) hätte (6) würde (7) hätte
7 *Beispiellösung:* Ich hätte gerne eine gute Arbeit. Ich hätte gerne ein Haus mit Garten. Ich würde gerne oft in den Urlaub fahren.

7 Wärst du gerne wieder ein Kind?

A

MrsUnknown: Manchmal wäre ich gerne wieder ein Kind: … und wäre klein und süß. Das Leben wäre einfacher.	*CrazyGirl11:* Wärst du wirklich gerne wieder so klein?

B wäre wärst wäre
1 2 höflich 3 unhöflich 4 höflich
2 2 Sie wären gerne in Berlin. 3 Sie wäre gerne am Strand. 4 Er wäre gerne bei Julia.
3 2 war 3 wäre 4 waren 5 wären 6 war
4 (2) wären (3) wäre (4) wären (5) wärt
5 2 Ich würde auch gerne Deutsch sprechen. 3 Ich hätte auch gerne ein großes Auto. 4 Ich wäre auch gerne noch so jung.
6 2 Wärst du so lieb und würdest du das wiederholen? 3 Wärt ihr so nett und würdet ihr an die Tafel kommen? 4 Wären Sie so freundlich und würden Sie das notieren, Frau Frank?
7 *Beispiellösung:* Ich wäre gerne Michelle Obama. Ich wäre gerne in Washington.

8 Du solltest deine Freunde gut auswählen.

A 2 sollte auswählen 3 sollten berichten 4 solltet schreiben
B solltest sollten
1 2 Sollten Sie nicht die E-Mail heute schreiben? 3 Naja, er sollte seine Freunde besser auswählen. 4 Ich sollte mal die Webseite neu schreiben. 5 Solltet ihr nicht gehen?
3 2 sollten 3 solltet 4 sollten
4 2 Du solltest einen Deutschkurs machen. 3 Du solltest auf Partys gehen. 4 Du solltest Urlaub machen.
5 2 Ihr solltet ein Handtuch mitbringen. 3 Ihr solltet saubere Sportschuhe tragen. 4 Ihr solltet euch immer aufwärmen. 5 Ihr solltet pünktlich in die Kurse kommen. 6 Ihr solltet eure Chipkarte nicht vergessen.
6 2 Sollte 3 sollten 4 solltet
7 *Beispiellösung:* Du solltest keine privaten Fotos posten. Du solltest nicht zu viele private Dinge erzählen.

9 Könntest du bitte das Fenster zumachen?

A 2C 3B
B könntest könntet
1 2 Wir könnten einen Film sehen. (V) 3 Könntest du bitte etwas langsamer sprechen? (F) 4 Ihr könntet auch zu uns kommen. (V)
3 2 Könntest du ↓an die Tafel kommen? 3 Könnten Sie es ↓wiederholen? 4 Das kann ich nicht. Könnten Sie mir ↓helfen?
4 2 Könntest du mir bitte helfen? 3 Könntest du es bitte reparieren? 4 Könnten Sie bitte einen Mechaniker schicken? 5 Könntest du mich bitte anrufen?
5 Könntest du mir bitte einen Kaffee bringen? Könnten Sie bitte Herrn Müller zum Meeting einladen?

Könntest du bitte morgen früher kommen?
Könnten Sie bitte noch dem Kunden antworten?

6 2 Ihr könntet ins Kino gehen. 3 Erika könnte mit ihrer Freundin Tennis spielen. 4 Ich könnte auch zu dir kommen. 5 Du könntest im Fitness-Studio trainieren. 6 Er könnte später kommen.

7 *Beispiellösung:* Wir könnten Kaffee trinken. Wir könnten ins Kino gehen. Wir könnten fernsehen.

10 Ich wasche mich.

A 1B 2A

B mich

1 2 Ruhst du dich aus?
3 Erinnerst du dich an unseren letzten Urlaub?
4 Freut ihr euch auf den Besuch?
5 Ich glaube, er fühlt sich nicht gut.
6 Ich muss mich beeilen.

2 2 sich ärgern 3 sich anmelden 4 sich ausruhen 5 sich erinnern 6 sich freuen 7 sich fühlen 8 sich waschen 9 sich anziehen 10 sich beeilen

3 2 dich 3 sich 4 uns 5 euch 6 sich 7 sich

4 2 Ruht ihr euch aus? 3 Wir müssen uns beeilen.
4 Warum fühlt er sich nicht gut?

5 (2) sich (3) mich (4) dich (5) euch (6) sich (7) uns (8) mich

6 *Beispiellösung:* Ich freue mich auf den Urlaub. Meine Kinder freuen sich auf die Geschenke. Meine Familie freut sich auf den Ausflug. Ich ärgere mich über das schlechte Wetter.

11 Der Motor wird repariert.

A 2C werden gekocht. 3A werden gebaut.

B wird repariert.

1 3 ✗ 4 ✓ 5 ✓ 6 ✗

2 2 Ja, unser Haus wird gerade gebaut.
3 Er wird gereinigt.
4 Ja, es wird heute gedruckt.
5 Ja, es wird sehr oft fotografiert.
6 Ja, vor dem Stadion wird oft kontroliert.
7 Kein Problem! Er wird geliefert.
8 Keine Angst, die Rechnungen werden geprüft.

3 2 wird 3 wird 4 werden

4 2 Morgen werden die Fenster geputzt. 3 Eine Garage wird bald gebaut. 4 Später werden die Türen repariert. 5 Die Küche wird auch bald renoviert.
6 Die Waschmaschine wird genau geprüft.
7 Nächste Woche wird der Kühlschrank gereinigt.
8 Der alte Herd wird auch kontrolliert.

5 *Beispiellösung:* Pakete werden geliefert.

12 Ich freue mich auf die Zusammenarbeit.

A Ich freue mich auf die Zusammenarbeit.

B auf

1 2d 3a 4g 5e 6c 7f

2 2e 3c 4f 5g 6b 7a

3 2 um 3 über 4 an 5 für 6 um 7 über

4 2 Steffie beschwert sich über die Preise. 3 Ben ärgert sich über das Hotelzimmer. 4 Meine Eltern beschweren sich über das Frühstück.

5 (2) für (3) über (4) um (5) um (6) auf

6 *Beispiellösung:* Ich interessiere mich für Technik. Ich interessiere mich für Politik.

13 Ich träume von einem Haus.

A Ich träume von einem Haus und einer Familie.

B von

1 2 Ich treffe mich mit meinem Freund.
3 Ja, ich habe mich mit meinem Freund verabredet.
4 Ich träume von einem kleinen Haus am See.

2 2 Er nimmt an dem Kurs teil 3 Sie telefoniert mit ihrer Kollegin. 4 Habt ihr Angst vor der Prüfung?

3 2a 3c 4b

4 (2) für (3) auf (4) über (5) über (6) mit (7) mit (8) mit

5 2 mich 3 mir 4 mich 5 mir 6 ihn

6

Verb	Präposition	Akkusativ	Dativ
denken	an	X	
telefonieren	mit		X
sich interessieren	für	X	
sich verabreden	mit		X
sprechen	mit		X
sich freuen	auf	X	
sich treffen	mit		X

7 *Beispiellösung:* Ich träume von Schnee im Winter. Ich träume von einem Urlaub in Italien.

14 Ich lasse meine Uhr reparieren.

A 1A 2B

B lasse lassen

1 2 Sie lässt ihre Haare schneiden. 3 Er lässt sein Auto reparieren. 4 Sie lässt ihre Wohnung putzen.
5 Sie lässt ihre Lebensmittel einkaufen.

2 2 lasst 3 lassen 4 lasse 5 Lassen 6 lässt

3 2 Die Mutter lässt die Kinder viel spielen. 3 Ich lasse Ronja mit meinem Auto fahren. 4 Eure Chefs lassen euch auch Fehler machen.

4 2 Lässt 3 Lassen 4 lassen

5 (2) lassen den Kaffee kochen. (3) lässt seine Reisen buchen. (4) lassen ihre Termine organisieren.

6 *Beispiellösung:* Ich lasse mein Essen liefern. Ich lasse meine Wohnung putzen.

15 Die Eltern, die Kinder

A Wir sind die Eltern. Und wir sind die Kinder.

B Kinder

1 Schüler Brötchen Zimmer Messer Poster Lehrer

2 3 Birnen 2 Flaschen 2 Äpfel 6 Würste 2 Gläser

3 2 Pausen 3 Häuser 4 Frauen 5 Bäuche 6 Räume 7 Mäuse 8 Augen 9 Träume

4 2 Bahnhöfe 3 Dosen 4 Dörfer 5 Söhne 6 Einwohner 7 Köpfe 8 Tonnen 9 Schlösser

5 2 Männer 3 Taschen 4 Väter

6 (2) Polizistinnen (3) Technikerinnen (4) Mechanikerinnen (5) Journalistinnen (6) Handwerkerinnen

7 1, 3, 4, 6, 7, 8, 10

8 4 Tomate 6 Student 8 Mutter 9 Vogel

9 *Beispiellösung:* Ich habe einen Mund, aber zehn Finger. Ich habe zwei Ohren und zehn Zehen.

16 Nimmst du den Bus?

A Nimmst du den Bus? Nein, ich komme mit dem Zug.

B den Bus dem Zug

1 Akkusativ: Ich nehme immer das Taxi/die U-Bahn/die Taxis.
Dativ: Ich fahre immer mit dem Taxi/mit der U-Bahn/mit den Taxis.

2 2 dem 3 das, dem 4 der, die

3 Akkusativ: mögen, finden, brauchen, haben, nehmen, essen Dativ: helfen, gehören, sprechen mit, fahren mit, danken, schmecken

4 Akkusativ: 2, 4, 5 Dativ: 3, 6

5 2 sein 3 deinem, meinen 4 meinem 5 deinem, meiner

6 *Beispiellösung:* Nimmst du den Bus? – Nein, ich fahre mit dem Zug zur Arbeit. – Ok, ich nehme den Bus und fahre dann mit der S-Bahn heim.

17 Sie haben während des Films geschlafen.

A des der

B des Films der Schauspieler

1 ● des Theaterstücks ● der Arbeit ● der Ferien

2 2 während des Deutschkurses 3 während des Interviews 4 während des Fluges 5 während der Prüfung 6 während des Workshops

3 2 während der Prüfung 3 während der Ferien 4 während des Theaterstücks 5 während des Termins

4 2 des Mädchens 3 der Kollegin 4 der Mitarbeiter

5 (2) des Ingenieurs (3) der Firma (4) der Leute (5) der Stadt (6) des Materials

6 2 Elias' 3 Carlas 4 Agnes' 5 Max'

7 *Beispiellösung:* Während der Mittagspause telefoniere ich mit meiner Freundin. Während des Deutschkurses lese ich viel. Während meiner Arbeit telefoniere ich nicht.

18 Ich schenke Nina das Fahrrad.

A 2A 3B

1 geben bringen zeigen empfehlen erklären schicken

2 2 die Stadt 3 die Übung 4 das Päckchen 5 den Tee

3 *Beispiellösung:* Hanna bringt dem Mann die Maus. Tim empfiehlt dem Mädchen das Computerspiel. Clemens erklärt der Frau den Drucker. Tobias bringt dem Mädchen den Laptop.

4 meinem: Bruder, Vater, Onkel, Großvater, Mann
meiner: Schwester, Tante, Freundin, Großmutter

5 2 meiner 3 meinem 4 meiner

6 2 ihm 3 ihr 4 ihm

7 *Beispiellösung:* Ich schenke meiner Freundin eine Blume. Ich schenke meiner Mutter eine Uhr. Ich schenke meinem Sohn ein Spiel.

19 Ich schenke es ihr.

A 1B 2A

1 Erzähl sie mir bitte! Bringst du mir den Saft? Bring ihn mir doch bitte!

2 2 es 3 sie

3 2 ihm, sie Die Lehrerin erklärt sie ihm. 3 ihr, es Wir empfehlen es ihr. 4 ihr, ihn Tom zeigt ihn ihr.

4 2 Wir schenken unserer Mutter ein Parfüm. Ich gebe meinem Bruder einen Laptop. 4 Ich empfehle meiner Schwester ein Buch.

5 2 Wir schenken es ihr. 3 Ich gebe ihn ihm. 4 Ich empfehle es ihr.

6 *Beispiellösung:* 2 Mutter → Kleid Ich empfehle es ihr. 3 Freundin → Tasche Ich empfehle sie ihr.

20 Das sind ihre Kinder.

A Das sind die Eckners, ihre Kinder, ihre Katze und ihr Hund.

B ihr

1 mein, meine, meine
ihren Garten., ihr Haus., ihre Stadt., ihre Kinder.

2 meinem, meiner, meinen
ihrem Sohn., ihrem Baby., ihrer Tochter., ihren Kindern.

3 2 ihren 3 ihre 4 ihren 5 ihre

4 2 ihren 3 ihrer 4 ihrem 5 ihrem

5 1 ihre, ihr 2 ihrem 3 ihrem 4 ihren 5 ihre, ihr, ihre

6 Lisa c die Kinder b, d, e

7 2 ihrem 3 ihren 4 seine 5 ihre

8 *Beispiellösung:* Mein Vater liebt seinen Hund. Meine Schwester liebt ihre Katze. Mein Bruder liebt seine Arbeit.

21 Bitte unterschreiben Sie dieses Formular.

A Bitte unterschreiben Sie dieses Formular.

B dieses

1 2 dieses Wort 3 dieser Zug 4 Dieses Medikament 5 diese Straße 6 diesem Wetter
Nominativ: dieser dieses Akkusativ: dieses diese Dativ: diesem

2 B Diese Frau hier ist meine Mutter. C Dieser Junge hier ist mein Sohn. D Dieses Mädchen hier ist meine Tochter.

3 2 Diese 3 Diese 4 Dieses 5 Dieser 6 Diese

4 2 diesem 3 diesem 4 dieser 5 dieser 6 dieser 7 diesem

5 2 diesen 3 dieses 4 dieses 5 dieses 6 diese 7 diese 8 diesen

6 *Beispiellösung:* Diese Pizza ist nicht richtig warm. Dieses Bier ist nicht kalt.

22 Ich schreibe ihm.

A Das ist mein Freund. Er heißt Ben. Ich schreibe ihm gerade. Denn ich möchte ihn treffen.

B er ihn ihm

1 Für wen ist das? mich euch uns ihn sie Sie
Wem gefällt das? mir euch uns ihm ihnen Ihnen

2 2 Es geht ihnen gut. 3 Es geht uns gut. 4 Es geht ihm gut.

3 2 ihm 3 ihnen 4 euch 5 dir

4 (2) sie (3) sie (4) uns (5) sie (6) es (7) ihn (8) sie

5 1 uns 2 Ihnen, mir 3 sie 4 ihn 5 dir 6 ihm, ihm 7 sie 8 dich, dir

6 *Beispiellösung:* Ihr Auto gefällt mir. Dein Essen schmeckt mir sehr.

23 Ist jemand zu Hause?

B jemand Alle

1 2 hat, hat, haben 3 ist, ist, sind 4 spricht, spricht, sprechen

2 2 ... ist niemand. 3 ... spricht niemand.

3 2 alle 3 niemand 4 niemand 5 alle 6 alle

4 2a Hat jemand mein Handy gesehen?
3b Ist denn jemand zu Hause?
4d Hat jemand angerufen?

5 2 Hat jemand mein Deutschbuch gefunden?
3 Hat jemand meinen Kugelschreiber genommen?
4 Hat jemand meine Schlüssel gesehen?

6 2 alle 3 jemand 4 niemand 5 alle 6 jemand 7 niemand 8 alle

7 *Beispiellösung:* Hat jemand meine Brille gesehen? Kann mir niemand helfen? Kann mir jemand bitte einen Kugelschreiber geben?

24 Hier sind noch welche.

A Ja, ich habe einen. Nein, hier sind doch welche.

B welche einen

1 2d 3a 4b

2 2 welche 3 eine 4 welche 5 einer 6 eins

3 2 welche 3 eine 4 einen

4 2 eins 3 einen 4 einer 5 einen

5 *Beispiellösung:* Ich habe ein Auto. Mein Freund hat auch eins. Ich habe einen Laptop. Meine Freundin hat auch einen.

25 Wem gehört das Auto?

A 2C 3B

B Wem

1 2 Wem gehört die Uhr? – Meinem Freund. 3 Wen suchen Sie? – Meinen Chef. 4. Wem schreiben Sie? – Meinem Chef.

2 2 Und wen rufst du an? 3 Und wem dankst du? 4 Und was isst du?

3 2a 3b 4c

4 2 wen 3 Wen 4 was 5 was 6 Wen

5 brauchen A schreiben D schenken D geben D heiraten A erklären D untersuchen A helfen D verstehen A suchen A danken D

6 2 Wem 3 Wem 4 Wen 5 Wem 6 wem 7 Wen 8 Wem 9 Wem 10 Wen 11 Wen

7 *Beispiellösung:* Wem gehört die Tasche? Sie gehört meiner Schwester. Wem gehört das Geld? Es gehört meinem Vater. Wem gehört die Armbanduhr? Sie gehört meinem Bruder.

26 Welchen Sport magst du?

A Welchen Sport magst du?
Welche Musik ist deine Lieblingsmusik?
Welcher Film ist dein Lieblingsfilm?
Welches Land magst du am liebsten?

B Welche Welcher Welches

1 2 Welcher 3 Welche 4 Welches 5 Welcher

2 2 Welche 3 Welcher 4 Welcher 5 Welche 6 Welche

3 2c 3b, d

4 2 Welche 3 Welche 4 Welches 5 Welche 6 Welchen 7 Welche 8 Welches

5 2 Welchen Bus nehmen wir? 3 Welches Auto gehört dir? 4 Welche S-Bahn zum Flughafen ist schneller? 5 Welche Busse halten hier?

6 (2) Welchen (3) Welches (4) Welche

7 *Beispiellösung:* Welches Getränk ist dein Lieblingsgetränk? Welche Hose ist deine Lieblingshose?

27 Woran denkst du?

A Wovon, Wofür, Worauf, Woran

B Wovon, Wofür, Worauf, Woran

1 3 worauf 4 worum 5 worüber 6 wovon

2 2A 3C

3 2 Woran 3 Worauf 4 Worüber 5 Worüber 6 Wovon 7 Worum

4 2 Worum kümmert er sich? 3 Worüber ärgern Sie sich am meisten in der Firma? 4 Worauf freust du dich in diesem Jahr? 5 Wovon träumen Sie manchmal? 6 Woran denkst du die ganze Zeit?

5 1 Über die schlechte Teamarbeit. 3 3 Von einem schönen Haus am Meer. 5 4 An mein Land und an meine Heimat. 6 5 Auf den Urlaub in Spanien. 4 6 Um nichts. Auch nicht um seine Arbeit. 2

6 *Beispiellösung:* Worüber ärgerst du dich? Worauf freust du dich? Worüber lachst du? Worum kümmerst du dich?

28 An wen denkst du?

A Von wem, Für wen, Auf wen, An wen

B Von wem, Für wen, Auf wen, An wen

1 2 P 3 D 4 D 5 P

2 Dinge: woran, worauf, worüber, worum
Personen: an wen, mit wem, von wem, um wen

3 2 Auf wen freuen sich die Kinder?, Worauf freuen sich die Kinder? 3 Wovon träumt sie?, Von wem träumt sie? 4 Worüber ärgert sie sich?, Über wen ärgert sie sich?

4 2 wen 3 wen 4 wem 5 wen 6 wen 7 wen 8 wem

5 2 Über wen 3 Über wen 4 Um wen 5 mit wem

6 2 Über wen ärgern Sie sich am meisten? 3 Von wem träumst du nachts? 4 Auf wen freust du dich denn so?

7 1 Über meinen Vater 2 3 Auf meine Familie 4 4 Von meinem Freund 3

8 *Beispiellösung:* Über wen ärgerst du dich? Mit wem gehst du aus? Mit wem fährst du in den Urlaub? Mit wem telefonierst du oft?

29 Ich bin schneller als du.

A Ich bin schnell. Aber ich bin schneller als du.

B schneller

1 2 älter 3 billiger 4 teurer 5 früher 6 lieber 7 höher 8 reicher 9 größer 10 mehr 11 besser 12 jünger

2 2 mehr 3 kleiner 4 höher 5 teurer 6 lieber 7 älter

3 2 Sie ist Ärztin und verdient besser. 3 Sie arbeitet mehr und schläft weniger. 4 Sie wohnt lieber in Wien.

4 2 Emilia ist genauso alt wie Lena. 3 Kaffee schmeckt genauso gut wie Tee. 4 Ich bin genauso glücklich wie du.

5 1 wie 2 wie 3 als, wie

6 2 Sie verdient mehr als ich. 3 Sie malt besser als ich. 4 Sie ist größer als ich.

7 *Beispiellösung:* Ich spiele besser Tennis als mein Kollege. Ich koche besser als mein Mann. Ich jogge schneller als meine Freundin.

30 Zuhause ist es am schönsten.

A schöner schönsten

B am schönsten

1 2 am besten 3 am größten 4 billiger 5 am liebsten 6 fleißiger 7 am meisten 8 höher

2 2 am sympathischsten 3 am kürzesten 4 am ruhigsten 5 am kältesten 6 am nettesten 7 am ältesten 8 am reichsten 9 am weitesten

3 2 härter, am härtesten 3 klüger, am klügsten 4 länger, am längsten 5 stärker, am stärksten 6 wärmer, am wärmsten

4 2 aber Lena ist am fleißigsten. 3 aber Paul ist am nettesten. 4 aber Berlin ist am größten. 5 aber in München sind sie am teuersten. 6 aber Paula hat am meisten.

5 1 jünger, jüngsten 2 größten, kleiner, größer 3 meisten, weniger 4 sportlicher, sportlichsten 5 lustigsten, mehr

6 *Beispiellösung:* Mein Vater ist jünger als meine Mutter. Mein Bruder ist am jüngsten. Meine Schwester ist am fleißigsten. Ich bin kleiner als mein Bruder.

31 Sind Sie ein glücklicher Mensch?

A ... Ich bin eine zufriedene Frau / ein zufriedener Mann.

B glücklicher zufriedene

1 2 schön 3 klein 4 sympathisch

2 2 Das ist ein schönes Haus. das Haus 3 Das ist eine kleine Wohnung. die Wohnung 4 Das sind sympathische Nachbarn. die Nachbarn

3 ●: großer, sympathischer, neuer ●: dünnes, kleines, helles, interessantes ●: sympathische, alte, nette, gute ●: nette, kleine, lange, furchtbare

4 2 Das ist aber ein dickes Buch! 3 Das sind aber leckere Torten! 4 Das ist aber eine unglückliche Frau! 5 Das ist aber eine dünne Zeitschrift! 6 Das ist aber eine kleine Stadt! 7 Das ist aber ein großer Wagen! 8 Das ist aber ein hässliches Zimmer! 9 Das ist aber ein schöner Markplatz! 10 Das sind aber lange Straßen!

5 2 große 3 schrecklicher 4 heißer 5 warme 6 Teure

6 *Beispiellösung:* Mir hilft ein gutes Buch. Mir hilft ein langer Spaziergang. Mir hilft ein ruhiges Gespräch. Mir helfen gute Freunde.

32 Wir haben einen neuen Motorroller.

A Hurra! Wir haben einen neuen Motorroller!

B neuen

1 ●: einen guten Freund, einen roten Stift. ●: ein großes Haus. ●: eine neue Uhr, eine interessante Zeitschrift. ●: kleine Kartoffeln, grüne Äpfel.

2 2 kleine 3 altes 4 schönen 5 großen 6 kleine 7 lange 8 gutes

3 2 ein rotes Auto! 3 eine kleine Wohnung! 4 schöne Stühle! 5 einen großen Garten! 6 einen interessanten Job!

4 2 schwarzen 3 kleine 4 kleine 5 buntes 6 großen

5 2 ein rotes Hemd? rote Hemden. 3 eine kurze Hose? kurze Hosen. 4 ein buntes Kleid? bunte Kleider. 5 einen blauen Anzug? blaue Anzüge. 6 einen großen Tisch? große Tische. 7 eine kurze Jacke? kurze Jacken.

6 *Beispiellösung:* einen schicken Anzug, einen neuen Laptop, ein spannendes Buch

33 Ich spreche mit einem alten Freund.

A Mit einem alten Freund.

B alten

1 netten sympathischen guten

2 3 einem alten Freund. 4 einer kleinen Stadt. 5 einer schönen Wohnung. 6 guten Freunden. 7 einem kleinen Apartment. 8 einem alten Dorf. 9 einer netten Kollegin. 10 einer sonnigen Insel. 11 einem berühmten Ferienort.

3 (2) lustige (3) kleinen (4) gutes (5) alten (6) große (7) schöne (8) weißen (9) bequemen (10) tolle (11) günstige (12) gute (13) aufregenden (14) neuen (15) guter (16) interessantes (17) internationalen (18) viele (19) blauen (20) weißen (21) schönes (22) gute

4 *Beispiellösung:* Ich spreche gerne mit interessanten Menschen. Ich spreche gerne mit einem fleißigen Studenten.

34 Die schwarze Bluse ist super.

A Die schwarze Bluse der lange Rock

B lange schwarze

1 ● das schöne Haus ● die sympathische Kollegin ● die kleinen Autos ● der alte Mann

2 das kleine Geschäft die neue Bäckerei die alten Bäume

3 2 Der neue Anzug 3 Die große Küche 4 Das schöne Apartment 5 Die netten Leute 6 Die alten Häuser

4 3 Das rote Auto 4 Der große Park 5 Die schöne Kirche 6 Die bunten Blusen 7 Das kleine Dorf 8 Der schwarze Anzug 9 Die blauen Fahrräder 10 Die italienischen Motorroller

5 2 die neue Wohnung 3 Der große Flohmarkt 4 die frischen Brötchen 5 das italienische Restaurant 6 der große Spielplatz

6 *Beispiellösung:* die große Bibliothek, das spanische Restaurant, das neue Kino

35 Ich mag die neuen Nachbarn.

A das neue Smartphone

B neue

1 kleinen alte, neue große, alte schönen, großen

2 2 Wir mögen das alte Rathaus. Wir mögen das neue Rathaus. 3 Er liebt die alte Kirche. Er liebt die neue Kirche. 4 Sie mag die großen Bäume. Sie mag die kleinen Bäume.

3 2 das kleine Haus 3 den schwarzen Pullover 4 die lange Kette 5 die schwarzen Stiefel 6 den neuen Wagen 7 das weiße Hemd 8 den großen Garten 9 die graue Krawatte 10 die alten Bücher

4 2 richtige 3 netten 4 jungen 5 langen 6 müden 7 neue 8 nasse

5 (2) harte Arbeit (3) schönen Dinge (4) große Stadt (5) große Glück (6) aufregende Leben (7) leckere Essen (8) guten Wein (9) großen Museen (10) gute Leben

6 *Beispiellösung:* Ich mag die frische Luft auf dem Dorf. Ich mag das leckere Essen in der Türkei. Ich mag die interessanten Gespräche in der Uni.

36 Ich helfe der netten Dame.

A Ich arbeite gerne mit dem neuen Kollegen.

B neuen

1 2 Das Büro ist alt. 3 Die Kollegin ist jung. 4 Die Mitarbeiter sind fleißig.

2 2b Sie sitzt immer noch in dem alten Büro. 3a Alle helfen der jungen Kollegin. 4c Der Chef dankt den fleißigen Mitarbeitern.

3 2 mit dem kostenlosen Bankkonto 3 mit der großen Tasche 4 mit den italienischen Schuhen

4 2 mit der großen Tiefgarage? 3 mit den schwarzen Katzen? 4 mit dem frischen Obst?

5 2 dem kleinen Mädchen 3 dem jungen Mann 4 der neuen Kollegin 5 der netten Nachbarin

6 2 günstigen 3 richtigen 4 letzte 5 chinesischen 6 alten 7 neue 8 kleinen, neue 9 kleine

7 *Beispiellösung:* Auto: Mit dem neuen Auto bin ich zufrieden. Smartphone: Mit dem neuen Smartphone bin ich sehr zufrieden.

37 Ich sitze neben den Büchern.

A auf dem Papier. neben den Büchern.

1 zwischen hinter neben unter an in vor über

2 2 am 3 im 4 im

3 2 Auf dem 3 Im 4 In der 5 In der 6 In 7 Im

4 2 an der 3 in der, über dem 4 auf dem 5 zwischen dem, dem 6 unter der 7 hinter der 8 vor dem

5 (2) im (3) unter (4) vor (5) neben (6) In (7) über (8) auf

6 *Beispiellösung:* Die Couch steht an der Wand. Der Teppich ist unter dem Tisch. Das Bild hängt über der Couch.

38 Der Vogel fliegt über den Baum.

A B Der Vogel fliegt über den Baum.

1 2 ins 3 ans 4 ins

2 hat ... gestellt, liegen, hat ... gelegt

3 2 Wo? 3 Wo? 4 Wohin? 5 Wohin?

4 2 der 3 dem 4 das 5 den 6 dem 7 den 8 dem

5 1 am 2 in der, in die 3 auf dem, auf den 4 vor dem, hinter das 5 auf den 6 über den, über dem 7 vor der

6 *Beispiellösung:* Ich bin im Garten. Ich fahre in die Stadt.

39 Ich komme vom Training.

A 1B 2A

B aus vom

1 2 aus dem Büro. 3 aus der Wohnung. 4 aus dem Fitness-Studio. 5 aus der Arztpraxis. 6 aus dem Geschäft. 7 aus dem Stadtpark. 8 aus der Bäckerei.

2 2 vom Training. 3 vom Flughafen. 4 von der Schule. 5 vom Bahnhof. 6 von der Universität. 7 vom Deutschkurs. 8 vom Rathaus.

3 2 von Paris nach Madrid. 3 von München nach Frankfurt. 4 von Hongkong nach Tokio.

4 2 gegenüber der 3 gegenüber dem 4 gegenüber dem

5 (2) aus (3) von ... nach (4) gegenüber

6 *Beispiellösung:* Ich möchte gerne von München nach Augsburg mit dem Zug fahren.

40 Ich bin seit einem Jahr hier.

A Sandra, 31
Ich bin schon seit einem Jahr hier.
Yuna, 28
Ich bin Ärztin und ich bin vor zwei Jahren nach Berlin gekommen.

B seit einem Jahr vor zwei Jahren

1

2 Seit wann hast du das Apartment?	a Seit einem Jahr.
3 Wann hast du den Test denn gemacht?	d Vor zwei Tagen. Und er war nicht leicht.
4 Wann war der Termin?	c Vor einer Stunde. Ich habe ihn ganz vergessen.

2 Seit wann? Laura studiert seit einem Jahr.
Wann? Der Test war vor einer Stunde. Sie hat vor einem Monat geheiratet.

3 2 Seit 3 Vor 4 Seit 5 vor 6 Seit

4 2 Vor einem Monat. 3 Vor einer Stunde. 4 Seit einer Woche. 5 Vor einem Monat. 6 Seit einem Jahr.

5 (2) vor (3) vor (4) seit (5) vor (6) Seit (7) seit

6 *Beispiellösung:* Ich habe vor einem Monat ein Auto gekauft. Ich bin seit einem Jahr in München. Ich habe seit zwei Jahren eine Katze.

41 Ich bleibe bis morgen.

A Ich bin von Montag, 2.3., bis Freitag, 6.3., nicht im Büro. Ab Montag, 9.3., können Sie mich wieder erreichen. Mit freundlichen Grüßen

B Ab von ... bis

1 2 Wann gehen wir wieder joggen?
a Ab morgen wieder jeden Tag.

3 Wann hat denn die Praxis von Dr. Martin geöffnet?
d Von 8 bis 13 Uhr.

4 Von April an haben wir nur noch vier Stunden Deutsch pro Woche.
b Oh, schade! Das ist aber wenig!

2 2 E 3 B 4 B

3 2 Ab 3 bis 4 Ab 5 Bis 6 Ab

4 2 ohne Ende 3 mit Ende

5 2 bis 3 von 4 Von

6 (2) Von ... an (3) Ab (4) von ... bis (5) bis

7 *Beispiellösung:* Ich muss bis Ende April arbeiten. Ich muss mich von Dienstag bis Freitag auf die Prüfung vorbereiten. Ich muss bis nächsten Dienstag einen Brief schreiben.

42 Ich warte schon über zwei Stunden.

A Zum Mittagessen Während des Fluges

B über Zum

1 2 Die Fahrt dauert über eine Stunde. 3 Ich habe über drei Stunden auf ihn gewartet. 4 Unser Flugzeug startet über 15 Minuten später.

2 1 für, nach 2 im, für, nach 3 für, ins 4 im, für, nach
2 Ich fliege im Frühling für drei Wochen nach Spanien. 3 Swen geht jetzt für eine Stunde ins Büro. 4 Wir gehen im nächsten Jahr für einen Monat nach Peking.

3 2 Während der Arbeit 4 während des Spaziergangs

4 2 zum 3 zum 4 zur

5 2 in einem Jahr 3 in einem Monat

6 (2) zum (3) In (4) zum (5) während

7 *Beispiellösung:* Im Mai fliege ich für zwei Wochen nach Spanien. In einer Stunde treffe ich mich mit meiner Freundin zum Mittagessen.

43 Der Tisch ist aus Glas.

A Der Tisch ist aus Glas. Aber er ist nur für vier Personen. Und ohne die Stühle sieht er nicht so gut aus.

B aus für Ohne

1 2 aus Papier, das Buch 3 aus Plastik oder aus Papier, die Tüte 4 aus Glas, die Lampe

2 2 Das Haus ist komplett aus Holz. Material
3 Sie geht um acht Uhr aus dem Haus. Ort

3 2 für deinen Vater 3 für dich 4 für meine Frau und mich

4 2 Ein Flugticket für meine Reise nach Mallorca. 3 Eine Lampe für mein Büro. 4 Eine Mikrowelle für meine Küche. 5 Einen Drucker für meinen Computer.

5 2a 3c

6 (2) ohne (3) mit (4) mit (5) mit (6) mit

7 *Beispiellösung:* Ich trinke Tee ohne Zucker, aber ich trinke Kaffee mit Zucker.

44 Heute gehe ich in den Deutschkurs.

A Ich gehe heute in den Deutschkurs.
Ja, heute gehe ich auch in den Deutschkurs.

B Ich ich

1

	2			Ende
2 Ich	arbeite		im Team.	
3 Ich	berate		die Kunden.	

2

	2			Ende
2 Oft	arbeite	ich	im Team.	
3 Meistens	berate	ich	die Kunden.	

3

	2			Ende
2 Bei Elektrik-Markt	habe	ich	im Team	gearbeitet.
3 Bei Elektrik-Markt	habe	ich	die Kunden	beraten.

4

	2			Ende
2 Bei Elektrik-Markt	muss	ich	im Team	arbeiten.
3 Bei Elektrik-Markt	muss	ich	die Kunden	beraten.

5 2 Ich mache sofort die Heizung an. 3 Ich räume die Wohnung sofort auf. 4 Ich hole die Kinder sofort ab.

6 2 Hast du die Texte gelesen? 3 Hast du die Hausaufgaben gemacht? 4 Hast du die Übung verstanden? 5 Hast du die Grammatik wiederholt?

7 *Beispiellösung:* Hast du eine Präsentation vorbereitet? Habt ihr alle Übungen kontrolliert?

45 Ich lerne Deutsch, weil es Spaß macht.

A Ich lerne Deutsch, ...
... weil mir deutsche Bücher gefallen.
... weil es wichtig für den Job und die Karriere ist.
... weil Deutschland, Österreich und die Schweiz so schöne Länder sind.
... weil es Spaß macht.

B weil

1 Ich komme nicht, weil ich gleich einen Termin habe. Warum lernst du denn Deutsch? Ich lerne Deutsch, weil es Spaß macht.

2 2 brauche 3 ist

3 2a Sie hat ihre Freundin lange nicht gesehen.
3d Das Flugzeug hat Verspätung.
4c Sie hat Durst.

4 Sie freut sich, weil sie ihre Freundin lange nicht gesehen hat. Sie muss lange warten, weil das Flugzeug Verspätung hat. Sie geht ins Café und trinkt eine Cola, weil sie Durst hat.

5 2 weil es heute regnet. 3 weil mein Job langweilig ist. 4 weil ich so spät ins Bett gegangen bin. 5 weil ich heute keine Arbeit habe. 6 weil es hier so schön warm ist.

6 2 weil seine Freundin aus Japan kommt. 3 weil Deutsch wichtig ist. 4 weil ich Geld brauche. 5 weil es schon wieder regnet.

7 *Beispiellösung:* Ich lerne Deutsch, weil ich in Deutschland arbeiten möchte.

46 Wir nehmen den Zug, wenn es schneit.

A 2C Sie nimmt das Fahrrad, wenn sie Zeit hat.
3A Wir nehmen den Zug, wenn es schneit.

B wenn wenn

1 2a Ich komme, wenn ich nicht arbeiten muss.
3b Sie können sie machen, wenn der Kurs zu Ende ist.
4c Fragt bitte, wenn ihr etwas nicht versteht!
5d Ja, wir können es kaufen, wenn ich den Job habe.

2 2 haben 3 stellt 4 verstehen 5 gibt

3 2 wenn ich müde bin. 3 wenn ich Durst habe. 4 wenn die Sonne scheint.

4 2 wenn die Handtücher schmutzig sind. 3 wenn das Restaurant im Hotel geschlossen ist.

5 2 Ich lese gerne, wenn ich im Urlaub bin. 3 Ich bin sehr müde, wenn ich zu viel arbeite. 4 Ich habe Kopfweh, wenn ich Vokabeln lerne. 5 Es geht mir gut, wenn ich viel Sport mache.

6 *Beispiellösung:* Ich bin traurig, wenn ich die Prüfung nicht bestehe. Ich freue mich, wenn ich ein Geschenk bekomme.

47 Es tut mir leid, dass ich zu spät komme.

A Ja, es ist wichtig, dass Sie gut Deutsch sprechen. Es ist wichtig, dass ihr die Wörter lernt. Ich freue mich, dass ich Sie treffe.

B dass dass

1 2c Ich freue mich, dass du hier bist.
3a Es tut mir leid, dass du kein Glück hast.
4e Ja. Ich hoffe, dass er kommt.
5b Schade, dass du nicht kommen kannst.

2 2 Ich hoffe 3 Es ist wichtig 4 Es tut mir leid

3 *Beispiellösung:* Ich freue mich, dass Emma viel Geld verdient. Ich finde es gut, dass Frau Decker Englisch lernt. Ich bin froh, dass Steffie einen guten Job hat. Schön, dass Karen die neue Wohnung gefällt.

4 2 Sie sagt, dass der Deutschkurs Spaß macht. 3 Sie sagt, dass die Grammatik nicht schwer ist. 4 Sie sagt, dass morgen der Kurs schon um 18 Uhr beginnt.

5 2 dass ich keine Zeit habe. 3 dass das Wetter so schlecht ist. 4 dass Carl so viel Pech hat.

6 *Beispiellösung:* Schön, dass du wieder gesund bist. Schade, dass du heute nicht auf die Party kommen kannst.

48 Weißt du, was das ist?

A Kannst du mir sagen, wer das ist? Ja, das ist unser neuer Nachbar.

B ist

1 2 möchte 3 Können / Könnten 4 Kannst / Könntest 5 Weißt 6 Wisst

2 2 Wissen Sie vielleicht, wie der neue Chef heißt? 3 Ich möchte gerne mal wissen, wann wir das Treffen haben. 4 Sagt mir doch bitte mal, woher Lisas Familie kommt? 5 Wisst ihr, wen die Chefin heute sprechen möchte? 6 Könntest du uns bitte sagen, wer die Idee hatte?

3 2 wo der Kunde jetzt ist? 3 wem du das verkaufst. 4 wann wir liefern können? 5 wie viele Menschen hier arbeiten? 6 wohin Sie die Produkte liefern. 7 woher die Ware kommt?

4 2 Sagen Sie uns bitte, wo Sie gearbeitet haben. 3 Sagen Sie uns bitte, wo Sie wohnen. 4 Wir möchten gerne wissen, wann Sie anfangen können. 5 Sagen Sie uns bitte, wie viel Sie jetzt verdienen. 6 Wir möchten gerne wissen, woher Sie unsere Firma kennen.

5 *Beispiellösung:* Ich möchte gerne wissen, was du essen möchtest. Ich möchte gerne wissen, was du in deiner Freizeit machst. Kannst du mir sagen, wann du Urlaub hast?

49 Es regnet, deshalb nehme ich den Schirm mit.

A Ich arbeite noch, deshalb komme ich später. Es regnet, deshalb nehme ich den Schirm mit.

B deshalb

1 denn und aber oder

H	C	D	U	U
N	D	E	N	N
O	T	S	M	D
D	X	H	S	X
E	N	A	C	T
R	C	L	H	N
I	A	B	E	R

2 2c 3e 4h 5d 6a 7b 8g

3 2 deshalb macht er Urlaub in England. 3 deshalb suchen wir ein Haus mit Garten. 4 deshalb bekommen wir einen neuen Lehrer. 5 deshalb lasse ich es reparieren. 6 deshalb kauft sie E-Books im Internet. 7 deshalb brauchen wir viele Videos. 8 deshalb planen wir eine Party.

4 3 deshalb 4 Weil 5 Deshalb 6 Weil 7 deshalb 8 Weil

5 *Beispiellösung:* Ich will in Deutschland studieren, deshalb lerne ich Deutsch. Meine Freunde kommen heute Abend zu Besuch, deshalb gehe ich einkaufen.

50 Ich koche, dann gehen wir ins Kino.

A Ich koche erst, dann gehen wir ins Kino. Wir machen erst Aufgabe 1, dann lesen wir den Text.

B dann

1 2c dann nimmt sie den Bus.
3e dann macht sie Pause.
4b dann trifft sie eine Freundin.
5a dann geht sie ins Bett und schläft.

2 2 Steh ↓ bitte ↓ auf!
3 Kommen Sie ↓ bitte ↓ rein!
4 Machen Sie ↓ bitte ↓ das Licht ↓ aus!
5 Macht ↓ bitte ↓ die Fenster ↓ zu!
6 Komm ↓ bitte ↓ her!

2

		2		
2 Erst lesen wir die Geschichte,	dann	stellt	die Lehrerin	Fragen.
3 Erst hören wie den Dialog,	dann	sprechen	wir	nach.
4 Erst machen wir die Übungen,	dann	prüfen	wir	sie.
5 Erst lesen wir die Fragen,	dann	sehen	wir	den Film.

3 (2) dann (3) deshalb (4) dann
4 2 dann 3 dann 4 denn 5 dann 6 dann 7 denn 8 dann 9 dann 10 dann
5 *Beispiellösung:* ... arbeite ich bis 13 Uhr, dann mache ich Mittagspause. Um 18 Uhr komme ich nach Hause, dann koche und esse ich. Ich lese später, dann gehe ich ins Bett.

51 Doch, aber ich habe keinen Hunger.

A Schmeckt euch das Essen nicht? Nein, es ist mir zu scharf. Doch, aber ich habe keinen Hunger mehr.
B Doch
1 2 ☹ 3 ☹
2 2b Kommst du nicht zur Party? Doch, ich möchte mal wieder tanzen.
3a Kommst du nicht ins Fitness-Studio? Doch, ich muss dringend wieder trainieren.
4d Hast du kein Auto? Doch, es steht in der Garage.
3 2 Doch 3 Doch 4 Ja 5 Doch 6 Ja
4 2d 3b 4c 5f 6a
5 2 doch 3 ja 4 doch 5 ja 6 nein
6 2 Kommst du mit ins Restaurant Roma? Nein. 3 Hast du keine Lust auf Italienisch? Doch. 4 Gehst du nicht gerne ins Restaurant Roma? Nein.
7 *Beispiellösung:* Trinkst du keinen Kaffee? – Doch, ich trinke Kaffee. Kommst du heute nicht mit ins Kino? – Nein, denn ich bin krank.

52 Erzählen Sie mal!

A Erzählen Sie bitte mal! Was machen Sie denn so?
B mal denn
1 2 Kommt mal bitte nach vorne!
3 Lies mal bitte den Text!
4 Jetzt bilden Sie mal Gruppen!
6 Wer hat denn die Übung gemacht?
7 Warum sagst du denn nichts, Lisa?
8 Haben wir denn keine Zeit mehr?
2 2 Steh ↓ bitte ↓ auf!
3 Kommen Sie ↓ bitte ↓ rein!
4 Machen Sie ↓ bitte ↓ das Licht ↓ aus!
5 Macht ↓ bitte ↓ die Fenster ↓ zu!
6 Komm ↓ bitte ↓ her!
3 2 Erzählen Sie mal bitte etwas über sich! / Erzählen Sie bitte mal etwas über sich! 3 Sagen Sie mal bitte, woher Sie kommen! / Sagen Sie bitte mal, woher Sie kommen! 4 Lesen Sie mal bitte unsere Webseite! / Lesen Sie bitte mal unsere Webseite!
4 2c Haben Sie die Schuhe denn auch in Schwarz ?
3d Was machst du denn ?
4a Bist du denn schon müde?
5 2 Wo arbeiten Sie denn? 3 Haben Sie denn Kinder? 4 Wohin möchten Sie denn? 5 Kommen Sie denn in den Kurs?
6 2 denn 3 denn 4 mal 5 mal 6 denn 7 mal 8 mal 9 denn 10 denn
7 *Beispiellösung:* Chefin: Schicken Sie mir mal bitte Ihren Terminplan. Lehrer: Machen Sie mal bitte die Aufgaben zwei und drei zu Hause.

53 Der Regenschirm

A Regenschirm Apfelbaum
B der das das die die
1 2 das Stadtfest 3 der Bergsee 4 der Fotoapparat 5 das Theaterstück 6 das Musikinstrument 7 die Postkarte 8 der Gartenstuhl
2 2 das Käsebrötchen 3 der Milchkaffee 4 die Gemüsesuppe 5 der Tomatensaft 6 das Bananeneis 7 das Butterbrot 8 der Obstsalat
3 der Kartoffelsalat, das Weinglas, die Speisekarte, die Kaffeetasse, die Hähnchensuppe, die Fischsuppe, die Wasserflasche, das Bierglas, die Tomatensuppe, das Kaffeeeis, die Getränkekarte, die Getränkeflasche, die Kartoffelsuppe, die Weinkarte, das Speiseeis, der Hähnchensalat, die Fischkarte, der Fischsalat, das Wasserglas, die Bierflasche, der Tomatensalat
4 2 das Lehrerzimmer 3 die Wörterliste 4 das Wörterbuch
5 2 Hausnummern 3 Busbahnhöfe 4 Modemessen

6 *Beispiellösung:* der Bücherschrank, der Kleiderschrank, der Holzschrank, die Schranktür
das Reisebüro, der Reiseführer, die Reisetasche, die Weltreise
der Augenarzt, der Ohrenarzt, der Kinderarzt, die Arztpraxis

54 Mein Freund und meine beste Freundin

A Gestern haben sich mein Freund und meine beste Freundin kennengelernt. Sie sind beide Lehrer. Sie ist Yogalehrerin und er ist Lehrer an einer Schule. Ich bin froh, dass sie sich sympathisch finden.

B Freundin sympathisch

1 2 Kollegin 3 Französin

2 2 die Übernachtung 3 die Wohnung

3 1 Übernachtung 2 Wohnung 3 Reinigung

4 2 der Fahrer 3 der Gewinner

5 1 Fahrer 2 Gewinner 3 Spieler

6 2 unbeliebt 3 unpünktlich 4 unsicher

7 2 freundlich 3 sympathisch 4 unfreundlich

8 *Beispiellösung:* Meine Studenten sind immer unpünktlich. Meine Kolleginnen sind sehr freundlich. Mein Bruder ist gerade sehr unglücklich.

Grammatikübersicht

1 Unregelmäßige Verben

Infinitiv	Präsens	Präteritum	Perfekt
abfahren	fährt ab	fuhr ab	ist abgefahren
abfliegen	fliegt ab	flog ab	ist abgeflogen
abgeben	gibt ab	gab ab	hat abgegeben
abschließen	schließt ab	schloss ab	hat abgeschlossen
anbieten	bietet an	bot an	hat angeboten
anfangen	fängt an	fing an	hat angefangen
ankommen	kommt an	kam an	ist angekommen
anrufen	ruft an	rief an	hat angerufen
ansehen	sieht an	sah an	hat angesehen
(sich) anziehen	zieht (sich) an	zog (sich) an	hat (sich) angezogen
aufstehen	steht auf	stand auf	ist aufgestanden
ausgeben	gibt aus	gab aus	hat ausgegeben
ausgehen	geht aus	ging aus	ist ausgegangen
aussehen	sieht aus	sah aus	hat ausgesehen
aussprechen	spricht aus	sprach aus	hat ausgesprochen
aussteigen	steigt aus	stieg aus	ist ausgestiegen
austragen	trägt aus	trug aus	hat ausgetragen
(sich) ausziehen	zieht (sich) aus	zog (sich) aus	hat (sich) ausgezogen
backen	backt / bäckt	backte / buk (*veraltet*)	hat gebacken
beginnen	beginnt	begann	hat begonnen
bekommen	bekommt	bekam	hat bekommen
beraten	berät	beriet	hat beraten
beschreiben	beschreibt	beschrieb	hat beschrieben
bestehen	besteht	bestand	hat bestanden
sich bewerben	bewirbt sich	bewarb sich	hat sich beworben
bitten	bittet	bat	hat gebeten
bleiben	bleibt	blieb	ist geblieben
braten	brät	briet	hat gebraten
bringen	bringt	brachte	hat gebracht
denken	denkt	dachte	hat gedacht
dürfen	darf	durfte	hat gedurft
einladen	lädt ein	lud ein	hat eingeladen
einschlafen	schläft ein	schlief ein	ist eingeschlafen
einsteigen	steigt ein	stieg ein	ist eingestiegen
eintragen	trägt ein	trug ein	hat eingetragen
einziehen	zieht ein	zog ein	ist eingezogen
empfehlen	empfiehlt	empfahl	hat empfohlen
essen	isst	aß	hat gegessen
fahren	fährt	fuhr	ist gefahren
fallen	fällt	fiel	ist gefallen
fernsehen	sieht fern	sah fern	hat ferngesehen
finden	findet	fand	hat gefunden
fliegen	fliegt	flog	ist geflogen

Infinitiv	Präsens	Präteritum	Perfekt
geben	gibt	gab	hat gegeben
gefallen	gefällt	gefiel	hat gefallen
gehen	geht	ging	ist gegangen
gewinnen	gewinnt	gewann	hat gewonnen
haben	hat	hatte	hat gehabt
halten	hält	hielt	hat gehalten
hängen	hängt	hing	hat gehangen
heißen	heißt	hieß	hat geheißen
helfen	hilft	half	hat geholfen
(he)rausbringen	bringt (he)raus	brachte (he)raus	hat (he)rausgebracht
(he)rauskommen	kommt (he)raus	kam (he)raus	ist (he)rausgekommen
(he)reinkommen	kommt (he)rein	kam (he)rein	ist (he)reingekommen
herkommen	kommt her	kam her	ist hergekommen
herunterladen	lädt herunter	lud herunter	hat heruntergeladen
hineingehen	geht hinein	ging hinein	ist hineingegangen
hinausgehen	geht hinaus	ging hinaus	ist hinausgegangen
kennen	kennt	kannte	hat gekannt
kommen	kommt	kam	ist gekommen
können	kann	konnte	hat gekonnt
lassen	lässt	ließ	hat gelassen
laufen	läuft	lief	ist gelaufen
leidtun	tut leid	tat leid	hat leidgetan
leihen	leiht	lieh	hat geliehen
lesen	liest	las	hat gelesen
liegen	liegt	lag	hat gelegen
lügen	lügt	log	hat gelogen
mitbringen	bringt mit	brachte mit	hat mitgebracht
mitkommen	kommt mit	kam mit	ist mitgekommen
mitnehmen	nimmt mit	nahm mit	hat mitgenommen
möchten	möchte	mochte	hat gemocht
mögen	mag	mochte	hat gemocht
müssen	muss	musste	hat gemusst
nehmen	nimmt	nahm	hat genommen
nennen	nennt	nannte	hat genannt
raten	rät	riet	hat geraten
reiten	reitet	ritt	ist geritten
riechen	riecht	roch	hat gerochen
rufen	ruft	rief	hat gerufen
scheinen	scheint	schien	hat geschienen
schlafen	schläft	schlief	hat geschlafen
schließen	schließt	schloss	hat geschlossen
schneiden	schneidet	schnitt	hat geschnitten
schreiben	schreibt	schrieb	hat geschrieben
schwimmen	schwimmt	schwamm	ist geschwommen

Infinitiv	Präsens	Präteritum	Perfekt
sehen	sieht	sah	hat gesehen
sein	ist	war	ist gewesen
singen	singt	sang	hat gesungen
sitzen	sitzt	saß	hat gesessen
sollen	soll	sollte	hat gesollt
sprechen	spricht	sprach	hat gesprochen
stattfinden	findet statt	fand statt	hat stattgefunden
stehen	steht	stand	hat gestanden
sterben	stirbt	starb	ist gestorben
streiten	streitet	stritt	hat gestritten
teilnehmen	nimmt teil	nahm teil	hat teilgenommen
tragen	trägt	trug	hat getragen
(sich) treffen	trifft (sich)	traf (sich)	hat (sich) getroffen
trinken	trinkt	trank	hat getrunken
tun	tut	tat	hat getan
überweisen	überweist	überwies	hat überwiesen
umsteigen	steigt um	stieg um	ist umgestiegen
umziehen	zieht um	zog um	ist umgezogen
(sich) unterhalten	unterhält (sich)	unterhielt (sich)	hat (sich) unterhalten
unternehmen	unternimmt	unternahm	hat unternommen
unterschreiben	unterschreibt	unterschrieb	hat unterschrieben
vergessen	vergisst	vergaß	hat vergessen
vergleichen	vergleicht	verglich	hat verglichen
verlieren	verliert	verlor	hat verloren
verschieben	verschiebt	verschob	hat verschoben
verstehen	versteht	verstand	hat verstanden
(sich) waschen	wäscht (sich)	wusch (sich)	hat (sich) gewaschen
wegbringen	bringt weg	brachte weg	hat weggebracht
wegfahren	fährt weg	fuhr weg	ist weggefahren
weggehen	geht weg	ging weg	ist weggegangen
weglaufen	läuft weg	lief weg	ist weggelaufen
wegnehmen	nimmt weg	nahm weg	hat weggenommen
wegwerfen	wirft weg	warf weg	hat weggeworfen
wehtun	tut weh	tat weh	hat wehgetan
weiterhelfen	hilft weiter	half weiter	hat weitergeholfen
werden	wird	wurde	ist geworden
wissen	weiß	wusste	hat gewusst
wollen	will	wollte	hat gewollt
zurückfahren	fährt zurück	fuhr zurück	ist zurückgefahren
zurückgeben	gibt zurück	gab zurück	hat zurückgegeben
zurückgehen	geht zurück	ging zurück	ist zurückgegangen
zurückkommen	kommt zurück	kam zurück	ist zurückgekommen
zurücklaufen	läuft zurück	lief zurück	ist zurückgelaufen

2 Verben mit Dativ

Verb	Beispiel
antworten	Sie antwortet dem Freund.
danken	Ich danke dir sehr.
geben	Bitte gib mir das!
gefallen	Die Bluse gefällt mir sehr.
gehen	Wie geht es dir?
gehören	Das Handy gehört meinem Freund.
glauben	Wir glauben ihm.
gratulieren	Er gratuliert seiner Frau.
helfen	Wir helfen dem Großvater im Garten.
leidtun	Es tut mir leid.
passen	Die Hose passt ihm.
passieren	Mir passiert bestimmt nichts.
raten	Ich rate dir, ein neues Handy zu kaufen.
schmecken	Die Pizza schmeckt meinem Kind nicht.
stehen	Das Kleid steht dir gut.
wehtun	Ich will dir nicht wehtun.
zuhören	Hör mir doch mal zu!

3 Verben mit Dativ und Akkusativ

Verb	Beispiel
anbieten	Darf ich dir ein Stück Kuchen anbieten?
bestellen	Bitte bestell uns einen Nachtisch!
bringen	Bitte bringen Sie mir einen Kaffee!
empfehlen	Ich empfehle Ihnen dieses Restaurant.
erklären	Wir haben ihm den Weg erklärt.
erzählen	Erzählst du mir eine Geschichte?
geben	Kannst du mir mal dein Buch geben?
holen	Er holt uns den Kaffee.
kaufen	Wir kaufen unserer Tochter einen Laptop.
kochen	Kochst du mir bitte ein Ei?
leihen	Er hat ihr einen Regenschirm geliehen.
liefern	Wir liefern Ihnen den Schrank.
mitbringen	Bringst du mir bitte auch eine Pizza mit?
reparieren	Die Werkstatt repariert Ihnen das Auto.
reservieren	Ich reserviere uns einen Tisch.
sagen	Er sagt es ihr morgen.
schenken	Ich schenke meiner Freundin ein Buch.
schicken	Bitte schicken Sie mir eine E-Mail.
schneiden	Wer schneidet dir denn die Haare?
schreiben	Ich habe ihm gerade eine E-Mail geschrieben.
verkaufen	Er hat ihm ein Auto mit Navi verkauft.
wünschen	Er wünscht dir alles Gute.
zeigen	Mein Mann zeigt dem Jungen den Weg.

4 Trennbare Verben

Verb	Partizip Perfekt	Beispiel
abfahren	abgefahren	Wir fahren um ein Uhr ab.
abfliegen	abgeflogen	Wann fliegst du ab?
abgeben	abgegeben	Ich gebe das Buch heute ab.
abholen	abgeholt	Wir holen dich ab.
abschließen	abgeschlossen	Ich schließe dieses Jahr meine Ausbildung ab.
anbieten	angeboten	Ich biete ihr einen Kaffee an.
anfangen	angefangen	Der Deutschkurs fängt gleich an.
anklicken	angeklickt	Klick bitte mal das Bild an!
ankommen	angekommen	Wann kommt der Zug in München an?
ankreuzen	angekreuzt	Kreuzt bitte die Lösung an!
anmachen	angemacht	Mach bitte das Licht an!
(sich) anmelden	sich angemeldet	Sie meldet sich morgen für den Deutschkurs an.
anrufen	angerufen	Er ruft seine Mutter an.
ansehen	angesehen	Ich sehe mir diese Sendung jeden Tag an.
(sich) anziehen	angezogen	Sie zieht Jeans und T-Shirt an.
aufhören	aufgehört	Der Kurs hört morgen auf.
aufmachen	aufgemacht	Mach bitte das Fenster auf!
aufpassen	aufgepasst	Der Babysitter passt auf die Kinder auf.
aufräumen	aufgeräumt	Ich räume mein Zimmer auf.
aufstehen	aufgestanden	Wir stehen immer um sieben auf.
ausfüllen	ausgefüllt	Füllen Sie bitte das Formular aus.
ausgeben	ausgegeben	Tim gibt viel Geld aus.
ausgehen	ausgegangen	Gehen wir am Samstag zusammen aus?
ausmachen	ausgemacht	Mach bitte das Licht aus!
auspacken	ausgepackt	Packst du bitte den Koffer aus?
(sich) ausruhen	ausgeruht	Ruh dich erst einmal aus!
aussehen	ausgesehen	Das sieht gut aus.
aussprechen	ausgesprochen	Wie spricht man das aus?
aussteigen	ausgestiegen	Sie steigt am Goetheplatz aus.
austauschen	ausgetauscht	Wir tauschen die Adressen aus.
austragen	ausgetragen	Er trägt einmal pro Woche die Zeitung aus.
(sich) ausziehen	(sich) ausgezogen	Sie zieht die Schuhe aus.
einkaufen	eingekauft	Was kaufst du heute ein?
einladen	eingeladen	Ich lade meine Freunde ein.
einpacken	eingepackt	Pack bitte die Pullover ein!
einschlafen	eingeschlafen	Er schläft oft vor dem Fernseher ein.
einsteigen	eingestiegen	Sie steigt hier ein.
eintragen	eingetragen	Tragen Sie sich bitte in diese Liste ein!
einziehen	eingezogen	Die neuen Nachbarn ziehen bald ein.
fernsehen	ferngesehen	Wir sehen heute Abend mal fern.
(he)rausbringen	herausgebracht	Bitte bring den Müll raus!

Verb	Partizip Perfekt	Beispiel
(he)rauskommen	herausgekommen	Kommt ihr bitte heraus?
(he)reinkommen	hereingekommen	Kommen Sie bitte rein!
herkommen	hergekommen	Komm bitte mal her!
herstellen	hergestellt	In der Firma stellen wir Tische her.
herunterladen	heruntergeladen	Er lädt die Software gleich herunter.
hineingehen	hineingegangen	Ich gehe jetzt da hinein.
hinausgehen	hinausgegangen	Er geht in den Garten hinaus.
kennenlernen	kennengelernt	Wir lernen hier viele Leute kennen.
leidtun	leidgetan	Es tut mir sehr leid.
mitbringen	mitgebracht	Ich bringe dir einen Kaffee mit.
mitkommen	mitgekommen	Kommst du auch mit?
mitmachen	mitgemacht	Warum macht ihr nicht mit?
mitnehmen	mitgenommen	Nehmen wir meine Schwester ins Theater mit?
mitspielen	mitgespielt	Warum spielt ihr nicht mit?
stattfinden	stattgefunden	Das Spiel findet leider nicht statt.
teilnehmen	teilgenommen	Sie nimmt am Deutschkurs teil.
umsteigen	umgestiegen	Wir steigen in Köln um.
umziehen	umgezogen	Nächsten Monat ziehen wir um.
vorbereiten	vorbereitet	Und wer bereitet die Party vor?
vorstellen	vorgestellt	Stellen Sie sich bitte vor!
wegbringen	weggebracht	Bringst du bitte den Müll weg!
wegfahren	weggefahren	Sie fährt gleich weg.
weggehen	weggegangen	Ich gehe jetzt weg.
weglaufen	weggelaufen	Bitte lauf nicht weg!
wegmachen	weggemacht	Ich mache den Dreck nicht weg.
wegnehmen	weggenommen	Warum hast du mir den Apfel weggenommen?
wegwerfen	weggeworfen	Bitte werfen Sie die Papiere nicht weg.
wehtun	wehgetan	Wo tut es weh?
weiterhelfen	weitergeholfen	Das hilft mir weiter.
weitermachen	weitergemacht	Machst du bitte weiter?
zuhören	zugehört	Hör mir doch mal bitte zu!
zumachen	zugemacht	Mach bitte das Fenster zu!
zurückfahren	zurückgefahren	Wann fahrt ihr zurück?
zurückgeben	zurückgegeben	Bitte geben Sie den Schlüssel zurück.
zurückgehen	zurückgegangen	Wir gehen wieder zurück.
zurückkommen	zurückgekommen	Wann kommst du zurück?
zurücklaufen	zurückgelaufen	Ich nehme kein Taxi, ich laufe lieber zurück.

5 Verben + Präposition + Akkusativ

Verb	Beispiel
sich ärgern über	Sie ärgert sich über die Rechnung.
antworten auf	Sie antwortet auf seine E-Mail.
aufpassen auf	Ich passe auf die Kinder auf.
ausgeben für	Muss er denn sein ganzes Geld für Autos ausgeben?
sich bedanken für	Ich bedanke mich für Ihre Hilfe.
berichten über	Die Zeitungen berichten über den Unfall.
sich beschweren über	Wir beschweren uns über den Service.
sich bewerben um	Er bewirbt sich um die Stelle.
bitten um	Darf ich dich um deine Hilfe bitten?
danken für	Ich danke Ihnen für Ihre Hilfe.
denken an	Sie denkt oft an ihn.
sich erinnern an	Erinnerst du dich an ihn?
sich freuen auf	Sie freut sich auf die Zusammenarbeit.
sich informieren über	Hast du dich über den Test informiert?
sich interessieren für	Er interessiert sich sehr für den Film.
sich kümmern um	Ich kümmere mich um meinen kranken Vater.
lachen über	Wir haben über den Witz gelacht.
reden über	Wir haben viel über dich geredet.
sich vorbereiten auf	Ich muss mich auf die Prüfung vorbereiten.
warten auf	Auf wen warten Sie?

6 Verben + Präposition + Dativ

Verb	Beispiel
anfangen mit	Wir fangen mit dem Unterricht an.
Angst haben vor	Ich habe Angst vor großen Hunden.
aufhören mit	Wann hörst du mit der Arbeit auf?
bestehen aus	Der Test besteht aus einem Lesetext und einem Hörtext.
diskutieren mit	Sie diskutiert immer mit ihm.
einladen zu	Darf ich dich zu einem Kaffee einladen?
riechen nach	Hier riecht es nach Fisch.
sich entschuldigen bei	Er hat sich bei ihr entschuldigt.
sprechen mit	Wir sprechen heute mit dem Chef.
teilnehmen an	Ich nehme an dem Kurs teil.
telefonieren mit	Er telefoniert gerade mit ihr.
träumen von	Ich träume von einem Haus.
sich treffen mit	Er trifft sich mit ihr.
sich verabreden mit	Ich habe mich mit meiner Freundin verabredet.

Register

Quellenverzeichnis

Titel und Rücktitel: © Kuzmick - stock.adobe.com

S. 6: © Getty Images/iStock/PRImageFactory
S. 8: © Getty Images/iStock/Wavebreakmedia
S. 10: © Getty Images/iStock/gpointstudio
S. 12: © Thinkstock/TongRo Images Inc
S. 13: © Getty Images/E+/ArtMarie
S. 16: © Thinkstock/Wavebreak Media Ltd
S. 20: © Thinkstock/iStock/monkeybusinessimages
S. 22: A © Getty Images/iStock/baona, B © Thinkstock/iStock/Lonnia, C © Thinkstock/iStock/robertsrob
S. 24: A © Thinkstock/iStock/vadimguzhva, B © Thinkstock/iStock/filistimlyanin
S. 26: A © Getty Images/iStock/jhorrocks, B © Thinkstock/iStock/takoburito, C © Getty Images/iStock/Wega52
S. 28: © Getty Images/E+/gradyreese
S. 30: © Getty Images/E+/richellgen
S. 32: A © Getty Images/iStock/Halfpoint, B © Getty Images/Polka Dot Images
S. 34: © Thinkstock/iStock/monkeybusinessimages
S. 36: © Thinkstock/iStock/m-imagephotography
S. 38: © Thinkstock/iStock/iStock_Oles
S. 40: 1 © Getty Images/E+/azndc, 2 © Thinkstock/Stockbyte/Comstock Images, 3 © iStock/shmackyshmack, A © Thinkstock/iStock/pia_ch, B © fotolia/dipego, C © Thinkstock/iStock/L_Mirror
S. 42: A © Thinkstock/iStock/pia_ch, B © fotolia/dipego; von oben: © Thinkstock/Stockbyte/Comstock Images, © Getty Images/E+/azndc
S. 44: © Getty Images/Vetta/skynesher
S. 46: © Thinkstock/iStock/demaerre
S. 47: A © Thinkstock/iStock/ajr_images, B © Thinkstock/Iromaya, C © Getty Images/iStock/to_csa, D © Thinkstock/Stockbyte/Thinkstock Images
S. 48: © Getty Images/E+/Georgijevic
S. 50: © Thinkstock/Stockbyte/Jupiterimages
S. 52 von links: © Thinkstock/iStock/arekmalang, © Thinkstock/iStock/UberImages
S. 54: A © romul014 - stock.adobe.com, B © Thinkstock/iStock/Avesun, C © Thinkstock/iStock/Wavebreakmedia
S. 58: © Thinkstock/iStock/MangoStar_Studio
S. 59: A © Getty Images/E+/drbimages, B © Getty Images/iStock/laflor, C © Getty Images/E+/Neustockimages
S. 60: © Getty Images/iStock/g-stockstudio
S. 62 oben: © fotolia/Kzenon; unten von links: © Thinkstock/iStock/vadimguzhva, © Thinkstock/iStock/imtmphoto
S. 64 von links: © Thinkstock/iStock/Rohappy, © Thinkstock/iStock/JoshPerick, © Thinkstock/Stockbyte/Brand X Pictures
S. 66: © Thinkstock/iStockphoto
S. 68: © Thinkstock/iStock/kzenon
S. 70: © Thinkstock/Stockbyte/Comstock Images
S. 72: © Getty Images/Stockbyte/David Woolley
S. 74: © Getty Images/E+/Sidekick
S. 76: © Getty Images/E+/alvarez
S. 78 oben: © Thinkstock/iStock/gurinaleksandr
S. 79: © Getty Images/E+/Gabor Izso
S. 80: © Getty Images/E+/1001slide
S. 81 von links: © Thinkstock/DigitalVision, © Thinkstock/iStock/wernerimages, © Thinkstock/iStock/AnikaSalsera, © Thinkstock/iStock/Tatomm
S. 82: A © Getty Images/E+/filadendron, B © hedgehog94 – stock.adobe.com
S. 84 von links: © Getty Images/E+/MStudioImages, © Thinkstock/iStock/Artem Tryhub, © Getty Images/E+/JohnnyGreig
S. 88 von links: © Getty Images/E+/svetikd, © Getty Images/E+/BraunS, © Getty Images/iStock/stock_colors
S. 90: © Getty Images/E+/gerenme
S. 92: © Thinkstock/iStock/IPGGutenbergUKLtd
S. 94: © Digital Wisdom
S. 96: A © Thinkstock/iStock/Dmitrii Tishchenko, B © Thinkstock/iStock/Deagreez, C © irisblende.de
S. 98 von links: © Thinkstock/iStock/demaerre, © Getty Images/E+/skynesher, © iStock/kupicoo
S. 100 von links: © Getty Images/E+/TommL, © Getty Images/iStock/JackF
S. 102 von links: © Getty Images/iStock/Szepy, © Getty Images/iStock/kissenbo
S. 104 von links: © Getty Images/iStock/LightFieldStudios, © Getty Images/E+/skynesher
S. 106: © Getty Images/E+/Steve Debenport
S. 108: © Getty Images/iStock/laflor
S. 110 von links: © Getty Images/iStock/Gearstd, © Getty Images/iStock/taviphoto, © iStockphoto/victorhe2002, © iStock/hero30, © fotolia/Tinka, © Thinkstock/iStockphoto
S. 111 von links: 1 © fotolia/Aleksejs Pivnenko, © Thinkstock/iStock/Donhype; 2 © Thinkstock/iStock/Frans Rombout, © fotolia/seen; 3 © fotolia/seen, © PantherMedia/Danny Smythe; 4 © Thinkstock/iStock/Creativeye99, © Getty Images/iStock/tovfla; 5 © fotolia/felinda, © fotolia/euthymia; 6 © PantherMedia/tom scherber, © Thinkstock/Hemera/Merih unal Ozmen; 7 © iStock/duncan1890, © Getty Images/iStock/Eivaisla; 8 © Getty Images/iStock/stocksnapper, © Thinkstock/iStock/Denira777
S. 112: © Getty Images/E+/AleksandarNakic

Illustrationen: S. 25 und S. 101: Maike Hettinger, Stuttgart, S. 78 und S. 80: Gisela Specht, Weßling

Bildredaktion: Cornelia Hellenschmidt und Valeria Vairo, Hueber Verlag, München